# Turkmen–English
# English–Turkmen
# Dictionary
# &
# Phrasebook

Nicholas Awde,
William Dirks &
Amandurdy Amandurdyev

**HIPPOCRENE BOOKS INC**
**New York**

Typeset & designed by Desert♥Hearts

ISBN 0 7818 1072 8

For information, address:
HIPPOCRENE BOOKS, INC.
171 Madison Avenue
New York, NY 10016
www.hippocrenebooks.com

Printed in the United States of America

# CONTENTS

# INTRODUCTION

**T**urkmenistan as we know it was created in the final decade of the 20th century, yet the history of the land and the people who inhabit it extends much further back in time, having a broad impact on the history of Central Asia. In fact, Turkmen history extends from Mongolia to Anatolia and from Alexander the Great to the modern republic.

Alexander marched into the region with his armies in the 4th century B.C. after defeating the Persian Empire. There, east of the Caspian Sea, he founded what became the city of Merv (today's Mary) on the Murgab river. The ruins are still visible there. When Alexander's empire disintegrated after his death, the region fell under the control of the Scythians, a tribe of nomadic warriors from the north.

It later became the kingdom of Parthia, which extended from today's Turkmenistan into Iran and as far east as northern India. In the 5th century A.D., the Huns became the overlords of the southern parts of Turkmenistan.

## Who are the Turkmen?

The Turkic ancestors of today's Turkmen began to arrive in the 8th century, at about the same time that Arab invaders brought Islam to the area. Not all the Turkic tribes accepted Islam right away—it would take several centuries to spread.

The Turkmen are descended from a Turkic confederation known as the "Nine Oghuz", which originated much further east in the Lake Baikal area of southern Siberia. From the 8th to 10th centuries, the Oghuz began a wave of migrations, spreading to the Aral Sea area and modern-day Kazakstan.

By the 11th century, the Oghuz moved south and westwards, and, in 1040, a branch called the Seljuks established a new empire in the region. They chose Merv, at the time a key transit point along the famous Silk Road, to be their capital city. The Seljuks eventually moved their political center to Iran and extended their dominion to Syria and Anatolia. Groups of Oghuz continued to move westwards. Among them were the Ottomans, who, centuries later, arrived in Anatolia where they conquered Byzantium and established the mighty Ottoman Empire.

After the collapse of Seljuk rule, the Mongols arrived on the scene in 1221, promptly conquering Khiva (northern Turkmenistan/western Uzbekistan oasis) and sacking Merv. Their rule did not last long, but in 1370, another Mongol, Timur (also known as Tamerlane), who claimed descent from Genghis Khan, included the region in his new empire.

The period following Timur's brief but remarkable reign is dominated by the khanates of Khiva and Bukhara, whose rulers relied heavily on Turkmen cavalry in their armies—both in fighting each other as well as in campaigning against Persia to the south.

# The Five tribes

Traditionally, there are five main tribes in Turkmen culture: the Teke (the largest, who live around Ashgabat), Yomut, Arsary, Saryk, and Salyr.

These tribes gave their names to some of the world's finest carpets, woven with their own distinctive symbols (**göl**). For the traditionally nomadic Turkmen, carpets were extremely important—covering wagon floors and forming collapsible walls, protecting them from the cold. As the Turkmen saying goes: "Water is a Turkmen's life, a horse is his wings, and a carpet is his soul."

The national flag has five **göls** representing the five tribes. It also includes the crescent moon of Islam, and five stars representing the regions of Turkmenistan, linked to the tribes.

## The Russian conquests

In the 18th century, Russia began to expand its borders and create a new empire. However, after Tsar Peter the Great's envoys to the area were killed by members of a Turkmen clan in 1716, it would be another 100 years before the Russians again considered sending their troops there.

Once the campaign to colonize Central Asia began in earnest in the mid-1800s, the Russians encountered fierce resistance in the Turkmen areas, and it was not until the capture of Gökdepe in 1881 (now recognized as a day of mourning in the Turkmen calendar) that the present-day territory of Turkmenistan came under Russian control. Despite the building of a railroad line from the Caspian port city of Krasnovodsk (now Turkmenbashy) to Tashkent (in neighboring Uzbekistan), the area remained something of a backwater and was ruled as a military colony.

In 1918, the year after the Bolshevik Revolution in Russia, the Communists took control of Ashgabat, the modern capital, again in the face of Turkmen resistance. Their leader Junayd Khan, backed by British forces, set up an independent Turkmen administration until he was ousted by the Communists after the British withdrew in 1920.

Following the founding of the Union of Soviet Socialist Republics in 1922, the Turkmen region was designated the Turkmen Soviet Socialist Republic in 1924. Collectivization of the land began in the late 1920s, forcing many of the previously nomadic Turkmen to settle and become farmers.

## The modern era

The shift to sedentary farming, which radically altered Turkmen life, was made possible through the construction of railroads and irrigation systems. The most notable of the latter is the huge Garagum Canal, which brings fresh water to Ashgabat from the Amu Darya river. The transition to modern life, however, suffered a terrible setback when Ashgabat was destroyed in a massive earthquake on October 6, 1948. Most of the city's population lost their lives in the earthquake, one of the worst in recorded history. The capital has been rebuilt but the date remains a day of national mourning in Turkmenistan.

Despite the traditional resistance to Russian rule, the republic was stable and politically quiet, although more directly controlled by Moscow than most republics in the Soviet Union. There was little response to even the radical change brought by Mikhail Gorbachev's liberalization processes of glasnost and perestroika. As a result, Turkmenistan and other Central Asian republics were at something of a loss when the Soviet Union dissolved.

Nevertheless, the Republic of Turkmenistan declared independence on October 27, 1991, taking its place in the international community. Saparmurat Niyazov, known as "Turkmenbashi" ("Leader of the Turkmen"), became the new nation's first president.

Not all Turkmen, however, live in the republic. There are still many who live scattered in other parts of the Former Soviet Union, as well in the older communities found in Afghanistan, Iran, the Caucasus, and Iraq (where they are known as Turkoman). ■

- A Turkmen person is a **türkmen**.
- Turkmens call themselves **türkmenler.**
- The Turkmen language is **türkmençe**.

# A VERY BASIC GRAMMAR

Turkmen — or Turkoman — belongs to the Turkic family of languages, and is closely related to Azeri and Turkish. It also shares features with other Central Asian Turkic languages such as Uzbek and Kazakh. The Turkic languages are considered by some to be a branch of the Altaic language family, which takes its name from the Altai Mountains of Central Asia (according to recent research, the site of Genghis Khan's tomb). Turkmen, like other languages of the region, was written in Arabic script until the 1920s, then a brief period in the Roman alphabet, then switched to Cyrillic. After the breakup of the Soviet Union a new Roman script was adopted (see pages 19 & 22).

## —A general note on language

Russian has had a great influence on the Turkmen language, so many terms that are in common use are borrowed from Russian. While there have been many newly coined terms introduced in recent years (even the names of the months and days of the week), in this guide we have tried to provide terms that are easily recognizable. For this reason, although we have tried to provide both old and new versions, we have at times opted in favor of an older term if the newer Turkmen one is less common. This may anger Turkmen purists but is of greater utility for the foreign visitor.

# —Structure

While totally unrelated to English, the structure of Turkmen is nevertheless quite simple. In word order, the verb is usually put at the end of the sentence, e.g.

**Men türkmençe bilýärin.**
"I speak Turkmen."
(literally: "I Turkmen know.")

Turkmen is virtually free of grammatical irregularities, and this is helped by the fact that it is an "agglutinative" language, meaning that it adds information at the end of the word in clear, distinct segments, e.g.

**iş** "work"
**iş-siz** "work-less" (= "unemployed")
**iş-siz-lik** "work-less-ness" (= "unemployment")
**ýaz** "write"
**ýaz-ýar** "writing"
**ýaz-ýar-yn** "I am writing"
**ýaz-ýar-ys** "we are writing"

You can build up long but clearly understandable words like **ýeňilleşdirilmedik** — "(the thing that) was not simplified." This breaks down as **ýeňil** "light, easy" + **le** (suffix that makes nouns or adjectives into verbs) + **ş** (suffix that adds the aspect of "like") + **dir** causative + **il** passive + **me** "not" + **dik** past participle!

# —Vowel harmony

Turkmen, like most Turkic languages, follows phonetic rules depending on the vowels in the root of the word. The two types of vowels are front vowels — **ä**, **e**, **i**, **ö**, **ü** and back vowels — **a**, **y**, **o**, **u**. Each originally Turkmen word tends to have all of its vowels of the same type, i.e. all front (**Türkmen** "Turkmen", **şäher** "city", **sözlük** "dictionary") or all back (**maşyn** "car", **duralga** "bus stop", **sowgat** "gift") . This phenomenon is called vowel harmony.

This is taken one step further with the many suffixes in the language which have "floating vowels." These change their vowel(s) to "harmonise" with the preceding vowels of the word they are modifying.

For example, for the word **gün** ("sun" or "day"), the suffixes we add must have front vowels: **günüň** ("the day's"), **günde** ("on the day"), **güni** ("the day"), **günler** ("days").

For a word with back vowels, like **duz** ("salt"), **duzuň** ("the salt's"), **duzda** ("on the salt"), **duzy** ("the salt"), **duzlar** ("salts").

Additionally, the "rounded" vowels (**o, ö, u, ü**) will trigger rounded vowels in some suffixes (such as **günüň** above), whereas "unrounded" vowels (**a, ä, e, i, y**) will trigger **i** (e.g. **türkmeniň** "the Turkmen's") or **y** (e.g. **adamyň** "the man's").

This is really not as complicated as it sounds — in fact, simple mimicking of your Turkmen comrades' pronunciation will ensure you follow rules that seem complicated on paper. You will notice that there are some Turkmen words that do not follow vowel harmony — most of these are either contractions, or words borrowed from other languages such as Russian, Farsi, or English.

# —Nouns

Turkmen has no words for "the", "a" or "an" in the same way as English does — instead the meaning is generally understood from the context, e.g. **kişi** can mean "the person", "a person" or just simply "person".

Nouns form their plural by simply adding **-ler** or **-lar**, e.g. **göz** "eye" → **gözler** 'eyes", **maşyn** "car" → **maşynlar** "cars".

**WORD BUILDING** — Turkmen is a great language for active wordbuilding, and three important suffixes to note are:

**-çi** or **-çy** "one who does", "-er" — e.g. **iş** "work" → **işçi** "worker", **aw** "hunting" → **awçy** "hunter".

**-ça** or **-çe** creates a language — e.g. **türkmen** "Turkmen (person)" → **türkmençe** "Turkmen (language)", **ýapon** "Japanese" → **ýaponça** "Japanese (language)".

**-lik** or **-lyk** makes "concept" nouns — e.g. **ministr** "minister" → **ministrlik** "ministry", **ýyly** "warm" → **ýylylyk** "warmth".

# —Adjectíves

Adjectives are like nouns in that they can take the same endings. They always come before the noun, e.g.

> 'new' **täze** — **täze maşyn** 'new car'
> 'old' **köne** — **köne maşyn** 'old car'

Some other basic adjectives are:

| | |
|---|---|
| open **açyk** | quick **tiz** |
| shut **ýapyk** | slow **haýal** |
| cheap **arzan** | big **uly** |
| expensive **gymmat** | small **kiçi** |
| hot **yssy** | old person **garry** |
| cold **sowuk** | young **ýaş** |
| near **ýakyn** | good **gowy** |
| far **daş** | bad **erbet** |

A common way of creating adjectives from nouns is to add **-li** or **-ly** at the end of a word, e.g. **güýçli** "strong" (**güýç** = "strength"), **peýdaly** "useful" (**peýda** = "use").

Adding **-siz** or **-syz** gives the meaning of "without" or "-less", e.g. **güýçsüz** "weak", **peýdasyz** "useless".

## —Adverbs

Most adverbs are simply adjectives or prepositional constructions. Some examples:

| | | | |
|---|---|---|---|
| here **şu taý(da)** | | up **ýokaryk** |
| there **ol taý (da)** | | down **aşak** |
| well **gowy** | | now **häzir** |
| badly **erbet** | | tomorrow **ertir** |

## — Suffixes & postpositions

Turkmen has three suffixes that show direction — basically, one for "at" or "in" (**-da/-de**), one to indicate "from" (**-dan/-den**), and another to indicate "to" or "for" (**-a/-e**). These suffixes are attached to the end of the word, e.g. **Türkmenistanda** "in Turkmenistan", **Angliýadan** "from England", **Aşgabada** "to Ashgabat".

Turkmen also has another suffix, this time a grammatical one that shows the direct object of an action: **-y/-ny** or **-i/-ni** (the **-n-** is inserted if the word ends in a vowel). This suffix is used when saying things like **"Bileti aldym."** "I got the ticket" (**bilet** "ticket"+ **-i**) or **"Ol çagany gördim."** "I saw that (**ol**) child." (**çaga** "child" + **-ny**). The parallel in modern English is when we change "I" to "me" as in "He saw *me*" (and not "He saw *I*").

**POSTPOSITIONS** — Turkmen also has words that follow the nouns they modify that act like prepositions in English. Some examples are:

| | | | |
|---|---|---|---|
| for **üçin** | | under **aşagynda** |
| about **barada/hakynda** | | after **-dan/-den soň** |
| like **ýaly** | | in front of **öňünde** |

# —Pronouns

Personal pronouns can add on endings just like nouns.
Basic forms are as follows:

| SINGULAR | PLURAL |
|---|---|
| I **men** | we **biz** |
| you *singular* **sen** | you *plural/formal* **siz** |
| he/she/it **o/ol** | they **olar** |

Note that instead of **sen**, the plural form **siz** is
commonly used as a formal way of addressing one
person. This is the preferred form used in this book.

To put these in the genitive (possessive) case, you
add the ending **–iň**:

| SINGULAR | PLURAL |
|---|---|
| my **meniň** | our **biziň** |
| your *singular* **seniň** | you *plural/formal* **siziň** |
| his/hers/its **onuň** | their **olaryň** |

# —Possessive endings

To show possession, Turkmen adds the following
suffixes to a noun:

| SINGULAR | PLURAL |
|---|---|
| my **-(i)m/-(y)m** | our **-(i)miz/-(y)myz** |
| your **-(i)ň/-(y)ň** | your **-(i)ňiz/-(y)ňyz** |
| his/her/its **-(s)i/-(s)y** | their **-leri/-lary** |

e.g.    After a consonant:

    (**meniň**) **maşynym** "my car"
    (**onuň**) **maşyny** "his/her/its car"
    (**biziň**) **maşynymyz** "our car"

After a vowel:

    **eje** "mother"
    (**meniň**) **ejem** "my mother"
    (**onuň**) **ejesi** "his/her mother"
    *(note that **s** is added after a vowel here)*
    (**biziň**) **ejemiz** "our mother"

Since the possessive ending already shows who "owns" the object, the pronouns (in paretheses) are not usually necessary.

Postpositions add onto these endings, e.g. **masyn-ym-da** "in my car" (literally: "car-my-in").

Possessive pronouns are also used to express a variety of possession and other relationships between words. Sometimes adding **–(n)iň** (see page 13), sometimes not, this form gives us "of", e.g. **Frediň telewizory** (literally: "Fred-of television-his") = "Fred's television'" (or "the television of Fred"), **Türkmen dili** (literally: "Turkmen language-its") = "Turkmen language". This also gives us constructions like: **halk sazy** "folk music", **Birleşen Milletler Guramasy** "United Nations Organization".

Use the dictionary section to work out what these genitive constructions mean:

| | |
|---|---|
| **telefon simi** | **maşyn tigirleri** |
| **futbol matçy** | **sputnik telefony** |
| **nebit skimportant skimportant** | |

**nebit skwažynasy**

**Aşgabadyň iň beýik myhmanhanasy**

Demonstratives:

| | |
|---|---|
| **bu/şu** this | **şular** these |
| **o/ol** that | **olar** those |

# —Verbs

Verbs are very easy to form by adding a wide number of suffixes to the end of the basic verb root. While the structure of Turkmen verbs is very different from English, in fact it is extremely logical and clearly set out, although in practise it can sometimes be a little complex to extract the necessary information packed in at the end of each verb.

It is worth spending a little time sorting out the concept, and then you will meet with little difficulty in working out the distinct parts of a Turkmen sentence!

Every Turkmen verb has a basic form that carries a basic meaning. To the end of this are added short suffixes that provide further information to tell you who's doing what and how and when, e.g.

> **iç-** 'drink'
> **içmek** 'to drink'
> **içdim** 'I drank'
> **men içjek** 'I will/want to drink'
> **içýärin '**I am drinking' .

Other endings carry even more information, e.g.

> **içir-** "cause to drink" (causative)
> **içil-** "be drunk" (passive)
> **içmekçi** "want to drink"

We saw the personal pronouns above, but these are only used for emphasis. Like French or Spanish, the verb already gives this information, as the following endings for the past tense show:

| SINGULAR | PLURAL |
|---|---|
| I **-dim** | we **-dik** |
| you *familiar* **–diň** | you *plural/formal* **–diňiz** |
| he/she/it **–di** | they **–diler** |

e.g. **görmek** "to see"

| | |
|---|---|
| **gördim** I saw | **gördik** we saw |
| **gördiň** you saw | **gördüňiz** you saw |
| **gördi** he/she/it saw | **gördüler** they saw |

**Görmek** has front vowels. For a verb with back vowels, like **ýazmak** "to write", the endings would be:

| SINGULAR | PLURAL |
|---|---|
| I write **ýazdym** | we write **ýazdyk** |
| you write **ýazdyň** | you write **ýazdyňyz** |
| he/she/it writes **ýazdy** | they write **ýazdylar**) |

Turkmen, like the other Turkic languages, is amazingly

regular, but it does have more than one way of expressing person in the verb, and this will vary from tense to tense. The present continuous set of person indicators is as follows:

> **görmek** 'to see'
> **görýärin** I see*    **görýäris** we see
> **görýäsiň** you see    **görýäňiz** you see
> **görýär** he/she/it sees    **görýärler** they see

*(This form is often contracted from -**ýärin**/-**ýaryn** to -**ýän**/-**ýan**, e.g., **görýän**)

**QUESTIONS** — You put -**mi** or -**my** at the end of the sentence when a yes/no question is being asked, e.g. **"Awtobus barmy?"** "Is there a bus?", or with longer sentences such as **"Siz iňlisçe bilýäňizmi?"** "Do you speak English?" Some other examples:

**Siz türkmenmi?** "Are you Turkmen?"
**Bu zatlar gymmatmy?** "Are these things expensive?"

When a question word such as **nirede?**, **näme?**, **haçan?**, **haýsy?** is used, the -**mi**/-**my** question suffix is not necessary:

**Bu awtobus nirä gidýär?** "Where is this bus going?"
**Siz haçan geldiňiz?** "When did you come?"
**Näçe pula durýar?** "How much does it cost?"

**NEGATIVES** — Negatives vary in form according to tense. Usually -**me** (or -**ma**) "not" is added to the verb itself, e.g. **içdim** "I drank" → **içmedim** "I did not drink", **duruň!** "stop!" → **durmaň!** "don't stop!"

To negate a verb in the present tense, the ending -**me**/-**ma** is replaced by -**anok**/-**enok**, e.g. **görmek** "to see"
**göremok** I don't see    **göremzok** we don't see
**göreňok** you don't see    **göreňzok** you don't see
**görenok** he/she/it doesn't see    **görenoklar** they don't see

The future tense, formed by adding the suffix **-jak/-jek** to the verb root, is negated using **däl** "is not":

**Men gitjek däl.** "I'm not going to go."

**Biz açjak däl.** "We're not going to open."

## ▬To be or not to be

The verb "to be" is not expressed as in English. Usually it is not there at all! In Turkmen, a sentence like "I Turkmen" (**"men türkmen"**, i.e. "I am a Turkmen") is perfectly OK. Some similar sentences are:

> **Sen mamla.** "You (are) right."
>
> **Ol türkmen.** "He/She (is) Turkmen."
>
> **Biz amerikaly.** "We (are) American."

and so on.

To make simple statements like these in the negative, simply use **däl** 'is not':

> **Sen mamla däl.** "You (are) not right."
>
> **Ol türkmen däl.** "He/She (is) not Turkmen."
>
> **Biz amerikaly däl.** "We (are) not American."
>
> **Bu gymmat däl.** "This isn't expensive."

To form the past tense of 'to be', you may use the past tense endings (**-di** and its variations) attached to the noun or adjective:

> **Sen mamladyň.** "You were right."
>
> **Ol türkmen däldi.** "He wasn't Turkmen."
>
> **Gymmatdy**. "It was expensive."

For other tenses, use the verb **bolmak**, e.g.

**Men injener bolmakçy.** "I want to be an engineer."

**Ol gowy boljak.** "That's going to be/turn out well."

## ▬ Haves and have nots

The verb "to have" does not exist in Turkmen. Instead, you use the words **bar** "there is/are" and **ýok** "there is/are not" — along with the possessive endings, e.g.

**Maşynym bar.** "I have a car."
(literally: "My car there is.")
**Wagtym ýok.** "I do not have time."
(literally: "My time there is not.")

**Oň wagty yok**. "He doesn't have time."
**Maşynymyz ýok.** "We don't have a car."
**Seniň maşynyň barmy?** "Do you have a car?"

This way of expressing "to have" may take some getting used to, but will be familiar to readers who know Arabic, Russian or another Slavic language. ∎

# Pronunciation guide

| Turkmen letter | Turkmen example | Approximate English equivalent |
|---|---|---|
| a | **apteka** 'pharmacy' | c*a*r |
| b | **bayram** 'holiday' | *b*ox |
| ç | **çay** 'tea' | *ch*urch |
| d | **dag** 'mountain' | *d*og |
| e | **ev** 'house' | p*e*t |
| ä | **män** 'I' | *a*pple |
| f | **futbol** 'soccer' | *f*at |
| g | **gaz** 'gas' | *g*oal (& see page 20) |
| h | **häftä** 'week' | *h*at (& see page 20) |
| i | **iş** 'work' | s*ea*t |
| j | **jaz** 'jazz' | *j*et |
| ž | **žurnalist** 'journalist' | a*z*ure *or* plea*s*ure |
| k | **kino** 'cinema' | *k*ick |
| l | **ýulduz** 'star' | *l*et |
| m | **maşyn** 'car' | *m*at |
| n | **neft** 'oil' | *n*et |
| ň | **aňsat** 'easy' | si*ng* |
| o | **ofis** 'office' | c*o*t, in Southern British English |
| ö | **söz** 'word' | (see note on page 20) |
| p | **prezident** 'president' | *p*et |
| r | **radio** 'radio' | *r*at, but 'rolled' as in Scottish English |
| s | **suw** 'water' | *s*it |
| ş | **şäher** 'town' | *sh*ut |
| t | **taksy** 'taxi' | *t*en |
| u | **buz** 'ice' | sh*oo*t |
| ü | **üç** 'three' | (see note on page 20) |
| w | **wagt** 'time' | *v*an *or* *w*orld |
| y | **qyş** 'winter' | (see note on page 20) |
| ý | **ýol** 'road' | *y*et |
| z | **zawod** 'factory' | *z*ebra |

Nothing beats listening to a native speaker, but the following notes should help give you some idea of how to pronounce the following letters.

# —Vowels

y   has a similar sound to the vowels in 'her' or 'stir' mixed up with the 'i' in 'peer' or 'fear'.

The following vowels are "umlauted", and have similar pronunciation to German or Turkish ä, ö and ü:

ä   is like the "a" in 'pat' but with a quality closer to 'pet' than 'part'.

ö   has a similar sound to the vowels in "her" or "stir", but without any "r" and with pointed and narrowly rounded lips.

ü   has a similar sound to the vowel in "huge" but much shorter. Another way of producing this is to say "kiss" but with pointed and narrowly rounded lips, so that the "i" almost becomes a "u".

# —Consonants

The letters **h**, **g**, **k**, **r**, and **w** can represent a variety of sounds:

h   can also be pronounced as the rasping "ch" in Sottish "lo*ch*" and German "ch", frequently transcribed in English as "kh". It is also pronounced like the Spanish/Castillian "*j*ota". [= Arabic/Persian ح]

g   can also be pronounced like a sort of growl in the back of your throat — like when you're gargling. Frequently transcribed into English for other languages that have this sound as "gh", the German or Parisian "r'" is the easy European equivalent. [= Arabic غ]

w   can be a straight "v" as in "van", or a "w" as in "world", or a mixture of both.

ç = *ch*urch     ž = a*z*ure     ň = si*ng*

## ▬Spelling notes

1. Consonants can be "doubled", e.g. **žurnallar** "magazines" is pronounced very distinctly as **"žurnal-lar"**, **elli** "50" as **"el-li"**, **yssy** "hot" as **"ys-sy"**. Doubled consonants are not pronounced in words which reflect foreign spelling, especially words of Russian origin, e.g. **programma** "program", and **kassa** "ticket office".

2. Note that **h**, as a separate letter, is always pronounced in combinations like **kuhnýa** "kitchen" (**"kuh-nýa"**), **Ruhnama aýy** "September" (**"Ruh-nama aýy"**). ∎

# The Turkmen Cyrillic alphabet
## (in use until 1991)

| Turkmen letter | Transcription | Roman letter | Turkmen letter | Transcription | Roman letter |
|---|---|---|---|---|---|
| А а | [a] | a | О о | [o] | o |
| Б б | [b] | b | Ө ө | [ö] | ö |
| В в | [v] | w | П п | [p] | p |
| Г г | [g] | g | Р р | [r] | r |
| Г г | [gh] | g | С с | [s] | s |
| Д д | [d] | d | Т т | [t] | t |
| Е е | [e/ye] | e | У у | [u] | u |
| Ё ё | [yo] | ä | Ү ү | [ü] | ü |
| Ж ж | [ž] | ž | Ф ф | [f] | f |
| Җ җ | [j] | j | Х х | [kh/h] | h |
| З з | [z] | z | Ц ц | [ts] | – |
| И и | [i] | i | Ч ч | [ç] | ç |
| Й й | [y] | ý | Ш ш | [ş] | ş |
| К к | [k] | k | Ъ ъ | ['] | – |
| К к | [q] | g | Ы ы | [ı] | y |
| Л л | [l] | l | Э э | [e] | e |
| М м | [m] | m | Ә ә | [ä] | ä |
| Н н | [n] | n | Ю ю | [yu] | – |
| Ң ң | [ng] | ň | Я я | [ya] | – |

ç = *ch*urch   ž = a*z*ure   ň = si*ng*

# TURKMEN
## Díctíonary

# TURKMEN–ENGLISH
## TÜRKMENÇE–IŇLISÇE

## A

**abatlaýyş** repair

**abrikos erigi** apricot

**A.B.Ş. (Amerikanyň Birleşen Ştatlary)** U.S.A.

**açar** key; **Açarymy ýitirdim.** I have lost my key.

**açmak** to open

**açyk** open; clear; sunny; **açyk reňk** light; not dark

**ad-** see at

**adalat** justice; **Adalat ministrligi** Ministry of Justice

**adam** man; person; husband; **adamlar** people; **adam hukuklary** human rights; **adam öldürýän ganhor** killer; **adam öldüren ganhor** murderer

**adaptor** adapter

**adatça** usually

**adaty** usual

**administrator** administrator

**adres** address; **adres kitaby** directory

**adyýol** blanket

**aerodrom** landing strip

**aeroport** airport; **aeroport salgydy** airport tax

**aga** older; paternal uncle

**agaç** tree; wood; **agaç ussasy** carpenter

**agaçlyk** copse

**agdarmak** to reverse

**aglamak** to cry; to weep

**agronom** agronomist

**agşam** evening

**agşamlyk nahar** supper

**agtarmak** to seek

**agtyk** grandchild

**agyr** heavy

**agyrlyk** weight

**agyrtmak** to hurt; to injure

**agyry** pain; **agyry aýýran derman** painkiller

**agyz** mouth; **agyz çaýkamak üçin suw** mouthwash; **Agyz bekleýärin.** I am fasting.

**agza** member

**ajaýyp** fine; good

**ajy** spicy; hot; bitter **Ajykdym.** I'm hungry.

**ak** white; **ak ýürekli** adjective kind; **ak patyşa** tsar

**akademik** academic

**akademiýa** academy

**akkumulýator** car battery

**aklawçy** lawyer

**akmak** noun fool

**aksent** accent

**aktýor** actor

**aktiwist** activist

**aktual** actual

**akuşerka** midwife

**akym** stream

**alada** care; **alada etmek** to care; to be worried

**alahekik** magpie

**alaka** rat

**alamat** symptom

**alkogol** alcohol

**alkogolly** alcoholic substance

**allergiýa** allergy; **-e allergiýam bar** I'm allergic to ...

**alma** apple; **alma bagy** apple orchard

# almak

almak to get; to receive
Alp Arslan (aýy) August
alpinist paltasy ice ax
altmyş sixty
alty six
altyn gold
altynjy sixth
altynjy gün Saturday
alym scientist
alyp: alyp barmak to lead; alyp galmak to keep
amatly comfortable
Amerika America
amerikaly American
ammar barn
amortizator bumper
analiz analysis
anekdot joke
anesteziolog anesthetist
angar hangar
Angliýa England
aňlatmak to mean; to express
anna Friday
aňsat easy
antibiotik antibiotic
antifriz anti-freeze
antiseptik antiseptic
anygyna ýetmek to find out
anyk sure; Anyk bilýäňizmi? Are you sure?; Anyk bilýärin. I'm sure.
anyklaýyş barlagy diagnosis
apelsin orange fruit
aprel April
ara interval; ara daşlygy näçe? how far?
araba cart
araçäk frontier; border
aragatnaşyk connection; communications
arak vodka
arakesme break
arakhor alcoholic person
arakhorlyk alcoholism
arakkeş alcoholic person
aralyk between; interval

arap Arab
arapça Arabic language
arassa clean; arassa prostyn clean sheets
arassaçylyk hygiene
arassalamak to clean; to clear
arasynda among; between
arheologiýa archeology; arheologiýa galyndylary archeological remains; site
arhitektor architect
arhitektura architecture
arka back
armyt pear
arpa barley
arryk thin person
artilleriýa artillery
artist actor
artyk excess; artyk goş excess baggage
artykmaç extra
ary bee; saw
arzan cheap
arzuw etmek to wish; to desire
asly origin
asma gulp padlock
asmak to hang
asman sky
aspirin aspirin
assembleýa assembly
asyl nusga original
asyr century
aşagynda below; under
aşak down; low
Aşgabat Ashgabat
aşgazan stomach; Aşgazanym agyrýar. I have a stomachache.
aşhana kitchen
aşpez cook noun
at name; noun; horse; Adyňyz näme? What is your name?; Adym Murat. My name is Murad.
at çapyşygy horse racing; ata münmek horse riding

ç = church     ž = azure     ň = sing

**ata** grandfather; **ata-ene** parents; **ata-babalar** ancestor

**atlas** atlas

**atmak** to throw; to shoot; **Atmaň!** Don't shoot!

**aw awlamak** to hunt

**awariýa** accident; emergency; **Awariýa boldy.** There's been an accident.; **awariýa ýagda-ýynda çykalga** emergency exit

**awgust** August

**awiahat** air mail

**Awstraliýa** Australia

**awstraliýaly** Australian

**awtobus** bus

**awtomat** machine gun

**awtonom** autonomous

**awtonomiýa** autonomy

**awtor** author

**awtostansiýa** bus station

**awy** poison

**aý** moon; month; **dolan aý** full moon;

**aýaga galmak** to rise

**aýagyň barmagy** toe

**aýak** foot; leg

**aýakgap dükany** shoeshop

**aýal** woman; wife; female; **aýal köýnegi** dress; **aýal dogtory** gynecologist; **aýal patyşa** queen; **aýallar dellegi** hairdresser; **aýallar dellekhanasy** beauty parlor

**aýally** married *said by a man*

**aýdylyş** pronunciation

**aýdym** song; **aýdym aýtmak** to sing

**aýgyr** stallion

**aýlag** bay

**aýlanmak** to spin

**aýlyk** pay; salary

**aýmança** fence

**aýna** glass; mirror

**aýratyn** especially

**aýry** different

**aýrylyşmak** to get divorced

**aýtmak** to say

**aýy** bear

**aýyplamak** to accuse

**az: den az** less (than); **az ganlylyk** anemia

**azajyk** little (bit); not much; **Azajyk garaşyp duruň!** Wait a moment!

**azal** plow

**azaşmak** to be lost

**azat** free

**azatlyk** freedom

**Azerbaýjan** Azerbaijan

**azerbaýjança** Azeri/Azerbaijani *language*

**azerbaýjanly** Azeri/Azerbaijani

**azlyk** minority; **azlyk millet** ethnic minority

**azrak** less

**azyndan** at least; **azyndan on** at least ten

# Ä

**ädik** boot(s)

**ädim** step; stage

**ägirt uly** giant

**ähli** all

**ählumumy** *adj* general

**ähmiýet** importance

**ähmiýetli** important

**ähtimal** probable

**älemgoşar** rainbow

**äpişge** window

**ätiýaçlandyrma** insurance; insurance policy

**äýnek** glasses; spectacles

# B

**baba** grandfather

**bag** garden; orchard; park

**bagaž** baggage; **bagaž ýeri; bagažnik** boot/trunk *of car*

**baglamak** to tie; to transfer *on the phone*

**baglanyşyk** connection

**bagly: -a/-e bagly** It depends.

**bagyr** liver

**bagyr çişmesi** hepatitis

**bagyşlaň!** excuse me!; sorry!

**baha** price; cost; worth; **Bahasy näçe?** What's the charge?

**bahana** excuse

**bahar** spring *season*

**bak** tank

**bakmak** to look; to raise animals

**bakteriýa** bacteria

**bal** honey

**balak** trousers

**balet** ballet

**Balkar** Balkar

**balkon** balcony

**balon** inner tube; **Balon deşilipdir.** I have a flat tire.

**balyk** fish; **balyk tutmak** fishing

**bandit** bandit

**bank** bank

**banka açýan** can opener

**banket** banquet

**bankir** banker

**banknot** bank note

**bap** part; chapter

**bar** there is/are; bar; pub; *possessive ending* + **bar** to have

**barada** about

**barlag** inquiry; investigation; **barlag punkty** checkpoint

**barlamak** to check; to investigate

**barmak** finger; to go; **-a/-e barmak** to visit

**barmen** bartender

**barrel** barrel

**bary** all; **bary bile** all together

**basgançak** to step

**basketbol** basketball

**basseýn** pool; swimming pool

**basym** soon

**basymrak boluň!** hurry up!

**basyp: basyp alma** invasion; occupation; **basyp almak** to seize; to invade; **basyp alan/ okkupirleýän güýçler** occupying forces

**basyş** pressure

**baş** head; main; **baş egmek** worship; **baş ministr** prime minister; **Başym aýlanýar.** I feel dizzy.

**başam barmak** thumb

**başdan geçirme** adventure

**başga** other; different; **-dan/-den başga** except (for); **başgalar** rest; others

**başgün** Monday

**başlamak** to begin

**başlyk** chief; head; boss

**baştutan** leader

**batareýa** battery

**batga** marsh; swamp

**batmak** to sink

**batyr** brave

**baý** rich

**Baýdak (aýy)** February

**baýguş; baýhatyn** owl

**baýrak** prize

**baýram** holiday

**baýtal** mare

**bazar** market

**bazar güni** Sunday

**bäbek** baby; infant

**bägül** rose

**bäsdeşlik** competition

**bäş** five

**bäşinji gün** Friday

**bede** hay

**beden** body

**bedre** bucket

**begres** Turkmen women's coat

**bejergi** curre

**bejeriş** medication; repair

**bejermek** to treat; to repair

**belgi** mark

**bellenen möçber** limit

# bomba

**bellenip goýlan ýer** reserved
**belli** well-known; famous; **belli bir** certain
**bellige almak** to record
**bent** dam
**benzin** petrol; gas; **Benzin gutardy.** I have run out of petrol.
**bergi** debt
**berhiz** diet
**berk** sure; exact
**bermek** to give; **Maňa ... beriň.** give me ...
**beter** worse
**betnyşan** ugly
**beýan etmek** to describe
**beýik** big; great; high; hill
**biderek** useless; **Biderek.** It's no use.
**bifşteks** steak
**bigünä** innocent
**bikanun** illegal
**bil** back; **bil agyrysy** backache
**bile** together
**bilek** wrist
**bilen** with
**bilet** ticket
**bilezik** bracelet
**bilim** knowledge; education; **Bilim ministrligi** Ministry of Education
**bilmek** to know *something*; to find out; **Bilýärin.** I know.; **Bilemok.** I don't know.
**bimamla** wrong
**bina** building
**bir** one; single; same; **bir ýerde** somewhere; **bir zat** something; **bir adamlyk otag** single room; **bir gezek** once; **bir hili** somehow; **bir taraply ýol** one-way street
**birden** suddenly
**biri** someone/somebody; **biri beýlekisini** each other
**biri-birini** each other

**birigün** the day after tomorrow
**birinji** first; **birinji klas** first class
**birinji gün** Monday
**birleşen** united
**Birleşen Milletler Guramasy** United Nations; **Birleşen Milletler Guramasynyň Bosgunlar üçin Ýokary Komissary** U.N.H.C.R.; **Birleşen Milletler Guramasynyň Okuw, Ylym, we Medeniýet Guramasy** U.N.E.S.C.O.; **Birleşen Milletler Guramasynyň Rowaçlandyrmak Programmasy** U.N.D.P.
**birleşme** union
**birleşmek** to unite
**birmeňzeş** same
**birnäçe** some; several
**bişen; bişi** ripe
**bişirmek** to cook
**bit** louse
**bitarap** neutral
**bitaraplyk** neutrality
**Bitaraplyk (aýý)** December
**biz** we
**biziň** our
**biziňki** ours
**biznes klas** business class
**biznesmen** businessman/businesswoman
**blank** *official* form
**bogaz** throat
**bogulmak** to choke; **bogulýar** he/she is choking.
**boks** boxing
**bolanok** impossible; **Bolanok.** That doesn't make sense.
**bolar ýaly** likely; **bolarmy?** may I?
**boldy!** that's enough!
**bolmak** to be; to become; **Bolýar.** That makes sense.
**bolmasa** otherwise
**bolsa hem** although
**bolup geçmek** to happen
**bomba** bomb

§ = *ship*    ý = *yet*
**Turkmen Dictionary & Phrasebook · 29**

**bombalaýjy samolýot** bomber

**bombalaýýş; bombalama** bombardment

**bombany zyýansyzlandyrmak** bomb disposal

**borç** obligation

**bosgun** refugee; **bosgunlar** refugees; **bosgunlar lageri** refugee camp

**boş** empty; **boş wagt** free time

**boşatmak** to empty; to release

**boşmy: Şu ýeri boşmy?** Is this seat free?

**botinka** boot

**boýag; boýa** paint

**boýun** neck

**boýunça** according to ...

**bozguç** eraser

**bökmek** to jump

**bölek** piece; part

**bölmek** to divide

**bölüm** part; section

**bölüşmek** to share

**börek** wonton

**böri** wolf

**böwrek** kidney

**böwürslen** blackberry

**Britaniýa** Britain

**britaniýaly** British

**bronly maşyn** armored car

**broshka** brooch

**bu** this; **bu tarap** this way

**buga** bull

**bugdaý** wheat

**bukja** envelope

**bukmak** to hide

**bukudan çykyp hüjüm etmek** to ambush

**bulak** spring *water*

**bular** these

**bulgar burjy** sweet pepper

**buluç** Baluchi

**bulut** cloud

**buraw** drill

**burawlaýýş** drilling

**burç** angle; corner; pepper

**burun** nose

**buterbrot** sandwich

**Butparaz** Buddhist

**butparazlyk** Buddhism

**buýruk** order

**buýrulan iş** order *for something*

**buýsançly** proud

**buýurmak** to order *someone*

**buz** ice

**bükmek** to bend

**büre** flea

**bürgüt** eagle

**bütin** entire; whole

**byçgy** saw

**býujet** budget

# Ç

**çaý** tea; **çaý çemçesi** teaspoon

**çadyr** tent

**çaga** baby; child; **çagalar** children; **çaga dogtory** pediatrician

**çagyl** gravel

**çagyrmak** to call; to invite

**çakgy** penknife

**çakmak** *noun* lighter; **çakmak daşy** flint; *verb* to sting

**çakylyk haty** invitation

**çakyr** wine

**çalgy** scythe

**çalmak** to play *a musical instrument*

**çalşyrmak** exchange rate; **Näçeden çalşylýar?** What's the exchange rate?

**çalt-çaltdan** often

**çalyşmak** to change; to try

**çanak** cup

**çanaklyk** pelvis

**çap etmek** to print

**çapmak** to chop

**çarşenbe** Wednesday

**çasly** loud

**çat açmak** to split

**çatryk** crossing

ç = *ch*urch   ž = a*z*ure   ň = si*ng*

çäge sand
çäk limit
çäýnek teapot; kettle
çeçen Chechen
Çeçenistan Chechnya
çek check *money*
çeker drawer
çekiç hammer
çekişme discussion
çekmek to carry; to pull; to draw
çemçe spoon
çemedan suitcase
çenden çykma excess
çenli: -a/-e çenli until
çep left; Çepe öwrül. turn left!
çepçi left-wing
çeper skilled
çerkes Circassian
çeşme source; spring *water*
çeýnemek chew
çig raw
çigildem tulip
çilim cigarette(s); çilim çekmek to smoke; çilim dolanýan kagyz cigarette papers; çilim çekmek gadagan no smoking
çişlik kebab
çişmek to swell
çopan shepherd
çorba soup
çotga brush
çozma invasion
çozuş invasion
çöl desert
çörek bread; çörek zawody bakery
çözmek to undo; to solve
çuň; çuňňur deep; çuň suwdaky platforma deep water platform
çünki because
çür başy summit
çüý nail
çüýşe bottle; çüýşe açýan bottle opener

çyban boil
çybyk stick
çybyn mosquito
çydamak to last; to withstand
çyglamak to wet
çygly wet
çykalga exit; çykalga tapmak to solve
çykarmak to expel
çykmak to go out
çykyp gitmek to leave
çyn real
çynar plane tree
çyndan! no joke!; seriously!
çynyň bilen aýtmak to mean
çyra light; lamp; çyra ýakmak to turn on
çyralar lighting
çyzgyç ruler *measure*
çyzyk line

# D

-da/-de in; at; and; ...-da/-de dogdym I was born in ...
dadyp görmek to taste
dag mountain; dagyň depesi peak
Dagystan Daghestan
dagystanly Daghestani
damar vein; artery
-dan/-den from; through; because of; than; -dan/-den başga except (for) ...; -dan/-den uly bigger than; -dan/-den kiçi smaller than; -dan/-den köp more than; -dan/-den az less than; -dan/-den öň before; -dan/-den soň after; -dan/-den bäri since; -dan/-den gorkmak to be afraid of
daniýaly Danish
daň dawn
daňy sling *medical*

**dar** narrow; **dar köçe** street
**darak** comb
**dargamak** to dissolve
**dargatmak** to scatter
**dartmak** to pull
**dary** millet
**daş** stone; rock; **daş kömür** coal
**daş; daşgyn** distant
**daşamak** to carry; to transport
**daşary** outside; exterior; **daşary ýurtdan gelen** foreign; **daşary ýurtly** foreigner; **Daşary işler ministrligi** Ministry of Foreign Affairs; **Daşaryk çykdy.** He went outside.
**daş-töwerek** environment
**daşy; daşyna; daşyndan** out
**dat-bidat!** help!
**datly** tasty
**dawa** dispute; feud
**daýhan** farmer; **daýhan hojalygy** farm
**daýy** maternal uncle
**däl** not
**däli** insane
**däne** grain
**däp** custom; tradition
**däri** powder
**-de** see **-da**
**defisit** shortage
**degirmen** mill
**degişme** humor; joke; **degişme däl** no joke; seriously
**degişmek** to joke
**dekabr** December
**dellekhana** barber shop
**dem** breath
**dem-dynç almak** to relax
**demgysma** asthma
**demgysmaly** asthmatic
**demir** iron; metal; **demir ýol** railway
**demirgazyk** north
**Demirgazyk Irlandiýa** Northern Ireland
**demokratik** democratic

**demokratiýa** democracy
**demonstrantlar** political demonstrators
**demonstrasiýa** political demonstration
**-den** see **-dan**
**deňeşdirmek** to compare
**deňiz** sea; **deňiz ýakasy** beach; **deňiz kenary** coast; **deňize dökülen nebit** oil slick
**depder** notebook
**depe** hill
**deportasiýa** deportation
**deprek** drum
**der** sweat
**dere** ravine
**deregine** instead
**dereje** noun level
**derek** poplar
**deri** animal skin
**derlemek** to sweat
**derman** drug; medicine; **derman ot** herb
**derňemek** to investigate
**derňew** investigation
**derrew** right away
**derweze** gate
**derýa** river
**derýanyň kenary** river bank
**deşik** hole; puncture
**dezodorant** deodorant
**diagnoz** diagnosis
**dialekt** dialect
**digital** digital
**diktator** dictator
**diktatura** dictatorship
**dikuçar** helicopter
**dil** tongue; language
**dilçi** linguist
**dilmaç** interpreter
**din** religion
**dinamo** dynamo
**diňe** just; only
**diňlemek** to listen
**diplomat** diplomat
**diplomatik aragatnaşyk; diplo-**

ç = church    ž = azure    ň = sing

**matik gatnaşyklar** diplomatic ties

**direktor** manager

**diri** alive

**diskoteka** disco

**diş** tooth; **diş agyry** toothache; **diş çotgasy** toothbrush; **diş doktory** dentist; **diş pastasy** toothpaste; **diş synçgalýan** toothpick

**dişlemek** to bite

**diwar** wall

**diýen ýaly** almost

**dizel** diesel

**dodak** lip

**doga okamak** to pray

**dogan** brother; *and see* **doglan**

**dogdym: ...-da/-de dogdym** I was born in ...

**doglan** birth; **doglan güni** date of birth; **doglan ýeri** place of birth

**dogluş şahadatnamasy** birth certificate

**dogma regulirleme (tabletkalary)** birth control

**dogmak** to rise *sun*

**dogry** right; correct; direct

**dogulma** birth

**dogurmak** to give birth

**doktor** doctor

**dokument** document

**dokumental film** documentary film

**Dokumentiñiz barmy?** Do you have any I.D.?

**dokuz** nine

**dolamak** to wrap

**dolan aý** full moon

**dolandyrmak** control

**doldurmak** to fill

**dollar** dollar

**doly** full; sleet

**domkrat** jack *of car*

**dondurma** ice cream

**doňgaýmak** ice cream

**doňmak** to freeze

**doňuz** pig; **doňuz eti** pork

**dost** friend

**dowam etmek** to last; to continue

**dowamynda** during

**dowzah** hell

**dökmek** to pour out; to spill

**dökün** fertilizer

**dördünji** fourth

**dördünji gün** Thursday

**döretmek** to create; to establish

**dört** four; **dörtden bir** one-quarter; **dörtden üç** three-quarters

**döwlet** nation; state; country; **döwlet baştutany** head of state

**döwmek** to break; to fracture

**döwük** break; fracture

**döwülmek** to split

**dub** oak

**duhowkada bişirmek** to bake

**dul** widower; **dul aýal** widow

**duman** fog; mist

**dumanly** foggy; misty

**dunýä** world

**duralga** bus stop

**durmak** to stop; **dur!** stop!; **durmaň!** don't stop!

**durmuş** life; **durmuşa çykan** married *woman*; **durmuşa çykmak** to marry *said by a woman*

**durna** crane *bird*

**duş** shower; **duş gelmek** to happen

**duşman** enemy

**duşuşmak** to meet

**duşuşyk** meeting

**duygy** sense

**duýgy** feeling

**duýmak** to feel

**duz** salt

**duzly** salty

**dükan** shop; store; **dükan eýesi** shopkeeper

# dümew

**dümew** cold; influenza
**dür** pearl
**dürbi** binoculars
**dürli-dürlülik** variety
**dürtgüç** plug *electric*
**düşek** bed; **düşege geçmek** to go to bed
**düşekçe** mattress
**düşelge** accommodation; shelter
**duşenbe** Monday
**düşleme** camping
**düşlenyän ýer** campsite
**düşnükli** understood
**düşündiriş** explanation
**düşündirmek** to explain
**düşünmek** to understand; **düşünyärin** I understand; **düşünmedim** I don't understand
**düýe** camel
**düýn** yesterday
**düýp** bottom; base
**düýş** dream
**düz** *adjective* level
**düzelmek** to heal
**düzetmek** to correct
**düzlük** *noun* plain
**düzmek** to form
**düzüwli** *adjective* well
**dykmak** to stick
**dyky** cork; stopper; plug; **dyky açýan** corkscrew
**dym-dyrslyk** silence
**dynç** rest; relaxation; **dynç almak** to rest; **dynç güni** weekend
**dynçgün** Sunday
**dynçlyk** *adjective* quiet
**dyndarmak** to save; to rescue
**dyrnak** finger nail
**dyrnak alynýan** nail clippers
**dyz** knee
**dyza çökmek** kneel

# E

**edara** office; enterprise; **edarada işleýän adam** office worker

**edebiýat** literature
**edep** etiquette
**edepli** polite
**edermen** brave
**egilmek** to lean
**egin** shoulder
**eje** mother
**ejiz ýüreklilik** heart condition
**ekerançylyk** agriculture; farming
**ekin** crops
**ekiş** planting; sowing
**ekizler** twins
**ekmek** to grow crops; to sow
**eksport** export; **eksport etmek** to export
**ekspres** express; fast
**ekzamen** exam; test
**el** hand; arm; **el goşy** baggage; **el işi** handicraft
**el-aýak** limbs
**elbetde** of course
**elektrik güýji** electricity
**elektron poçta** e-mail; **elektron poçta adresi** e-mail address
**elhenç** terrible
**elipbiý** alphabet
**elleşmek** hands
**elli** fifty
**ellik** gloves
**em** cure
**emal** enamel
**emeli** artificial
**emin** referee
**emma** however
**ene** mother; grandmother
**ene-ata** parents
**enjam** equipment
**eňek** chin; jaw
**epidemiýa** epidemic
**erbet** bad; badly; **erbet kesel** cancer
**eremek** to thaw
**erik** apricot
**erkek** male; **erkek adam** man
**erkin** free

ç = *ch*urch    ž = a*z*ure    ň = si*ng*

**34 · Turkmen Dictionary & Phrasebook**

erkinlik freedom
ermeni Armenian *person*
Ermenistan Armenia
ertir tomorrow; ertirlik nahar breakfast
esas base; basis
esaslandyrmak to found
esasy main; esasy kanun constitution
esbap tools
esger soldier
eskalator escalator
eşek donkey; eşek ary wasp
eşik clothes
eşitmek hear
et meat
etaž floor; story
etmek to do; to make
etnik arassalaýyş ethnic cleansing
etrap quarter; area; district
eýelik etmek to own
Eýran Iran
eýranly Iranian
eýýäm already; yet; era
eziz dear; loved

## F

abrik factory
aks fax; faks apparaty fax machine
akt fact
amiliýa surname
arş ground meat; mince; burger
aýl file *computer*
aza stage *of a process*
ederasiýa federation
en hairdryer
erma farm
ermer farmer
ewral February
iltrlenen filtered
iltrsiz filterless
irma company; firm
izika physics

fizioterapiýa physiotherapy
folklor folklore
fonetika phonetics
forma form; shape
forum forum
fotoapparat camera; fotoapparat enjamlary camera equipment
fotograf photographer
fotografiýa photography
fotosuratçy photographer
frank franc
fransuz French *person*; fransuz dili French *language*
fransuzça French *language*
funt pound
fut foot *measurement*
futbol football; futbol matçy football match

## G

gabat gelmek to happen
gabyk shell *of nut*
gabyr tomb
gaçgak refugee; gaçgaklar refugees
gaçmak; gaça durmak to flee
gaçy dam
gaçyp gitmek to escape
gadagan forbidden; illegal; gadagan etmek to forbid
gadym ancient
gahar(y) gelmek; gaty görmek; gaharlanmak to get angry; Gahary geldi./Gaty gördi. He/She got angry.
gaharly angry
gaharyň gelmek to get angry
gahryman hero; character *in book*
G.A.I. traffic police
gala castle; fort
galam pencil
galanlar rest; others
galdyrmak to lift; to leave behind

**galla** grain
**gallon** gallon
**galmagally** noisy
**galmak** to stay; to remain; to rise *prices*
**galmyk** Kalmuk
**galp** counterfeit; fake
**galstuk** tie; necktie
**galtak** wheelbarrow
**gamburger** hamburger
**gamgyn** unhappy
**gan** blood; **gan goýberme** blood transfusion; **gan gruppasy** blood group; **gan basyşy** blood pressure; **gan basyşy aşak/gan basyşynyň pesligi** low blood pressure; **gan basyşynyň ýokarylygy** high blood pressure
**ganamak** to bleed
**ganar** sack
**ganat** wing
**ganaw** ditch
**gangrena** gangrene
**gant** sugar; **Gant alamok.** No sugar; please.; **gant keseli** diabetes; **gant keselli** diabetic
**gaňyrçak** hook
**gap** box
**gapan** trap; booby trap
**gapjyk** wallet
**gapy** door; gate
**gar** snow; **Gar ýagýar.** It is snowing.
**gara** black; **gara çaý** black tea; **gara äýnek** sunglasses; **gara bazar** black market; **gara tüweleý** whirlwind
**garaçaý** Karachai
**garaguş** epilepsy; **garaguş agyryly** epileptic
**garaly** plum
**garaňky** *adjective* dark
**garaňkylyk** darkness
**garaşmak** to wait; to expect
**garaşsyz döwlet** independent state
**garaşsyz** free; independent
**garaşsyzlyk** independence
**Garaşsyzlyk (aýy)** October
**garaşylmaýan** unexpected
**garawul** guard
**garaž** garage
**garga** crow *bird*
**garjaşdyrmak** to confuse
**gark bolmak** to sink
**garlawaç** swallow *bird*
**garnizon** garrison
**garpyz** watermelon
**garry** old *people*
**garşylamak** guests
**garşylyk** opposition
**garşysynda** preposition
**garyndaş** relative; **garyndaşlar** relatives
**garyndaşlyk** relationship
**garynja** ant
**garyp** poor
**gassap** butcher
**gat** floor; story
**gatamak** to freeze
**gatnaşmak** to participate
**gatnaşyk** relationship; connection; **diplomatik gatnaşyklar** diplomatic ties
**gaty** hard; not soft; stale; too (much); very; **gaty uly** biggest; **gaty kän** too many/much; **Gaty gowy!** This is perfect!
**gatyk** yogurt
**gatyr** mule
**gawan** harbor
**gawun** melon
**gaý** storm
**gaýa** stone; rock
**gaýçy** scissors
**gaýgy etmek** to be worried
**gaýgyly** unhappy
**gaýka** screw; **gaýka açary** spanner; wrench
**gaýnatmak** to boil

ɡaýtadan işläp çykarmak to refine; **gaýtadan işläp çykarýan zawod** refinery

ɡaýtalamak to repeat

ɡaýtargy bermek to reply

ɡaýtmak to return

ɡaýyk boat

ɡaýyş leather

ɡaz gas; goose; **Gaz kesilipdir.** The gas has been cut off.; **gaz balony** gas bottle; **gaz pedaly** accelerator; **gaz skwažinasy** gas well; **gaz ýatagy** gas field; **gaz çykarylyşy** gas production

ɡazak Kazakh

Ɡazakstan Kazakhstan

ɡazet newspaper; **gazet syny** review *in newspaper*

ɡazly içgi sparkling drink

ɡazmak dig

ɡazon lawn

ɡazyk tent pegs

ɡämi boat; ship; **gämi duralgasy** harbor

ɡeçelge mountain pass

ɡeçen *adjective* past; **geçen hepde** last week

ɡeçi goat

ɡeçiriji gear

ɡeçirmek to transmit

ɡeçmek to cross; to pass

ɡeçmiş *noun* past

ɡelen samolýotlaryň raspisaniýesi arrivals

ɡeleşik contract

ɡelip çykyşy origin

ɡeliş wagty date of arrival

ɡeljek future

ɡelmek to come; to arrive

ɡeneral *noun* general

ɡenosid genocide

ɡeň surprising

ɡeňeş board; council

ɡeolog geologist

ɡepatit hepatitis

geplemek to speak; to talk; **Iňlisçe gepleýärsiňizmi?** Do you speak English?; **... gepleýärin/bilýärin.** I speak ...

gepleşik conversation; **gepleşikler** negotiations; **gepleşikleri alyp baryjy** negotiator

gerek need

gerekli necessary

Germaniýa Germany

getirmek to bring

geýim-gejim magazini clothes shop

geýinmek to get dressed

geýmek to wear

gezek turn

giç late; **giç ýagşy!** good evening!

gid guide

giden samolýotlaryň raspisaniýesi departures

gidiň; gidip *see* **gitmek**

gidiş going; **gidiş bileti** one-way ticket; **gidiş-gaýdyş bileti** return ticket; **gidiş wagty** date of departure

gigiena hygiene

gijä galmak to be late; to be delayed

gije night; **gijäňiz rahat bolsun!** good night!

gijeki klub nightclub

giji itch

giriberiň! come in!

ginekolog gynecologist

giň thick; wide

giňişlik area

gipertoniýa high blood pressure

gipotoniýa low blood pressure

girelge entrance

girmek to go in; to enter; **girmek gadagan** no entry; **giriň!** come in!

gitmek to go; to leave; **gidiň!** go!; **gitdik!** let's go!; **Gidip bilýärin.** I am able to go.;

**Gitsek gerek.** We'll probably go.

**gizlemek** to hide

**gizlin** *adjective* secret; **gizlin polisiýa** secret police

**goç** ram

**gol** arm; signature; goal *football*; **gol çekmek** to sign

**golaý** near

**golaýda** recently

**golça** pottery

**goldamak** support

**golf** golf

**gollandiýaly** Dutch

**gollanma** manual *book*

**gonam** tomb

**gonamçylyk** cemetery

**gonulýan zolak** landing strip

**goňşy** nearby; neighbor

**goňur** brown

**gor** supply; reserves

**gorag** protection

**gorama** protection

**goramak** to protect; to defend; to guard; **Goranmak ministrligi** Ministry of Defense

**gorçisa** mustard

**gorkmak** to fear; **-dan/-den gorkmak** to be afraid of

**Gorkut (aýy)** July

**gorkuzmak** to frighten

**gorky** fear

**goşa** double

**goşar** wrist

**goşgy** poem

**goşmak** to add

**goşun** army; troops

**gowak** cave

**gowşak** weak

**gowşamak** to relax

**gowulanmak** to improve; to heal; **Gowulaşdym.** I feel better.

**gowurak** better

**gowy** good; fine; well; **gowy görmek** to like/to prefer;

**Gowy görýärin.** I like/love...; **Gowy göremok.** I don't like/love...; **gowy görýän gyz** girlfriend; **gowy görşülýän oglan** boyfriend

**goýbolsun etmek** to cancel

**goýmak** to put; to quit

**goýu gyrmyzy reňk** purple

**goýun** sheep; **goýun eti** lamb *meat*

**goýy** thick; dense

**gozgalaň** riot; rebellion

**gozgalaňçy** rioter; rebel

**göçmek** house

**gödek** rude

**gögertmek** to bruise

**gök** green; blue; vegetables; **gök çaý** green tea; **gök önümler** vegetables; **gök önümler dükany** vegetable shop; **gök satyjy** greengrocer; **gök gürüldisi** thunder

**göle** calf *cow*

**gömmek** to bury

**gön** skin; leather

**gonam** *noun* grave

**göni** direct; **Göni jaň edip bolarmy?** Can I dial direct?

**gönüburçly** square

**görä: -e/-a görä** according to ...

**gördi** to saw

**göreş** battle; wrestling

**göreşmek** to struggle; to wrestle

**görkezme;gözükdiriji** directions

**görkezmek** to show

**görmek** to see

**görnüş** view

**götergiç** jack *of car*

**götermek** to raise

**göwreli** pregnant

**göwüs** breast

**göz** eye

**gözbaş** spring *water*

**gözleg** research; exploration

**gözlemek** to look for

**gram** gram

**grammatika** grammar

**granat** grenade

**grandy açmak** to turn on

**grek** Greek *person*; **grek dili** Greek *language*

**grim** make-up

**grip** influenza

**gruzin** Georgian *person*

**gruzinçe** Georgian *language*

**Gruziýa** Georgia

**gubka** sponge

**gudrat** miracle

**guduzlama** rabies

**gulak** ear

**gulakhalka** earrings

**gulp** lock

**gum** sand

**gurama** foundation; organization

**guramak** to establish

**gurbaga** frog

**gurban** victim; martyr

**Gurbansoltan (aýy)** April

**gurçuk** caterpillar; worm

**Gurhan** Qur'an

**gurjak** doll

**gurluş** structure

**gurmak** to build

**gurşun** lead *metal*

**gurt** wolf

**guş** bird

**guşak** belt

**gutarmak** to finish

**gutulmak** to escape

**guty** box

**guwanç** pride

**guwwas** diver

**guýmak** to pour

**guýy** *noun* well; **guýy ýeri** well site; **guýy gazmak/ burawlamak** to drill a well

**guzy** lamb

**güjük** dog

**gül** flower; **gül satyjy** florist

**gülçi** florist

**gülküli; gülkünç** funny

**gülmek** to laugh

**gümmez** dome; mausoleum

**gümrükhana** border customs

**gün** sun; day; date; **gün çykyp duran** sunny; **günüň dogýan wagty** sunrise; **günüň ýaşýan wagty** sunset

**Günämi geçiň.** I apologize.

**günbatar** *noun* west

**günden goranmak üçin krem** sunblock cream

**gündiz** daytime

**gündogar** east

**günebakar çigidi** sunflower seeds

**güneş** sunshine

**günorta** south

**günortan** noon; **günortandan soň** p.m.

**günortanlyk: günortanlyk edinmek** to have lunch; **günortanlyk nahar** lunch

**gürrüň** discussion; conversation

**gürrüňsiz** certainly

**gürzowoý** truck

**güýç** power; violence

**güýçli** strong; loud; **güýçli ses bilen** loudly

**güýz** autumn; fall

**gygyrmak** to shout

**gykylyk** noise

**gykylykly** noisy

**gyl** *body* hair

**gymmat** expensive

**gynama** torture

**gynamak** to torture

**gynançly** unfortunate

**gynansak-da** unfortunately

**gyraw** frost

**gyrgynçylyk** massacre

**gyrgyz** Kyrgyz

**gysga** short

**gysga boýly** person

**gyssagly** express; fast

**gyş** winter

**gyşyň örküji** midwinter

**gyz** girl; daughter; **gyz jigi** younger sister

**gyzdyrmak** to heat

**gyzgylt** pink

**gyzgyn** hot; **gyzgyn suw** hot water; **Gyzgynym bar.** I have a temperature.; **Gyzgyny bar.** He/She has a temperature.

**gyzgynlyk** temperature

**gyzyklanmak: -a/-e gyzyklanmak** to be interested in

**gyzykly** interesting

**gyzyl** red; gold; **gyzyl gurçuk** earthworm

**Gyzyl Haç** Red Cross

**gyzzyrma** fever

# H

**habar** news; message; **habar beriş serişdeleri** media

**haç** *noun* cross

**haçan?** when?; **Haçan ýapylýar?** What time does it close?

**hajathana** toilet(s)

**hajy** pilgrim *to Mecca*

**hak** pay; payment

**hakyda** memory

**hakykat** truth; reality

**hakyky** true; real

**hakyna: hakyna almak** to hire; **hakyna tutulan esger** mercenary

**hakynda** about

**halamak** to like; **Halaýaryn.** It appeals to me./I like it.; **Halamok.** It doesn't appeal to me./I don't like it.

**halas etmek** to save; to rescue

**halk** nation; people; **halk aýdym-sazy** folk music; **halk döredijiligi** folklore; **halk tansy** folk dancing

**halkara: halkara kody** international code; **halkara reýsi** international flight; **halkara telegrafist** international operator

**halta** sack; **halta ýorgan** sleeping bag

**haly; halyça** rug; carpet

**halys boldum** I am annoyed

**ham** *human* skin

**hammam** Turkish baths

**hanjar** dagger

**hapa** dirty; trash/rubbish

**hapalamaklyk; daş-töweregi hapalamaklyk** pollution

**hapyr-hupur** trash/rubbish

**harabaçylyk** ruins

**harby** military; **harby däl adam** civilian; **harby flot** navy; **harby howa güýçleri** air force; **harby serkerde** military officer

**harçlamak** to spend

**haryt** product

**has: has köp** too many; **has uly** biggest

**hasabat** report

**hasap** bill; accounts; score; **Hasap näçe?** What's the score?

**hasapçy** accountant

**häsiýet** character

**hassa** *medical* patient

**hassahana** hospital; clinic

**hassalyk** disease

**hasyl** harvest

**hasylly** fertile

**hat** letter; message

**hatar** row; line

**hawa** yes

**haýat** fence

**haýkurmak** to shout

**haýsy?** which?

**haýsydyr bir** certain

**haýwan** animal; cattle

**haýwanat bagy** zoo

**haýyr-sahawat guramasy** charity organization

**Hazar deňzi** Caspian Sea

**hazyna** treasury

**hažžyk** lizard

**häkim** ruler *person*

häzir now
häzirki *adj* present; **häzirki zaman** modern; **häzirki wagt** present *time*
hek lime
hekaýa story
heläkçilik crash; disaster; emergency
hem also; and; **hem ... hem** both ... and
hemişe always
hemme all; **hemme kişi** everyone
hemmesi bile all together
heniz still; not yet; **henize çenli** *adverb* still
hepde week
her (bir) every; **her kim** everybody; **her bir** each; **her bir zat** everything; **her gün** every day; **her bir ýerde** anywhere
hereket to move; **hereket etmek** to move
heýkel statue
hezillik pleasure
hiç: **hiç kim** no one; **hiç wagt** never; **hiç zat** nothing; **hiç ýerde** nowhere; **hiç bolmanda** at least
hil kind; type
himiki madda chemical
himiýa chemistry
hindi Indian; Hindu
Hindistan India
hiňildik swing
hirurg surgeon
hojalyk economy *of country;* **hojalyk harytlary magazini** hardware store
hojaýyn host; boss
holodilnik refrigerator
opukmak to choke
hor thin *person;* choir
horaz rooster
hoş geldiňiz! welcome!

hoşboý ys perfume
hoşgün Wednesday
howa air; weather
howa ýollary airline
howlukmak hurry; **Howlugýaryn.** I'm in a hurry.
howly courtyard
howp danger
howply dangerous
howpsuz *adj* safe
howpsuzlyk safety; security
howuz pool; swimming pool
hoz nut; walnut
hökman certainly
höküm sürmeklik döwri reign
hökümet government
hristian Christian; **hristian dini** Christianity
hrustal crystal
Hudaý God
hukuklar rights
hurma date *fruit*
hüjüm attack; **hüjüm etmek** to attack
hünärli professional
hünärmen specialist
hünärment craftsman
hyjuwlylyk violence
hytaý; hytaýly Chinese
hyýar cucumber
hyzmat service
hyzmatdaşlyk co-operation

# I

ibermek to send
içaly spy
içeri interior; **Içeri işler ministrligi** Ministry of Home Affairs
içerki interior
içgeçme diarrhea
içgi drink; **içgi melullygy** hangover
içinde in; during
içine into; **içine almak** contain; **içine girenok** excluded

ş = ship          ý = yet

**içki** interior; **içki geýim** underwear

**içmek** to drink

**iki** two; **iki gezek** twice; **iki adamlyk otag** double room; **iki hepde** fortnight

**ikinji** *adjective* second; **ikinji klas** second class

**ikinji gün** Tuesday

**ikisi** both

**ilat** population

**ilçi** ambassador

**ilçihana** embassy

**ilkinji** first

**immigrant** immigrant

**immigrasiýa** immigration

**import etmek** to import

**inçe** thin *thing*

**indikator çyrasy** indicator light

**indiki** next; **indiki hepde** next week; **indiki ýyl** next year

**induizm** Hinduism

**indýuk** turkey

**infarkt** heart attack

**infeksiýa** infection

**inguş** Ingush

**ini** younger

**injil** Bible

**institut** institute

**internet** Internet

**interwýu** interview

**inžener** engineer

**iň beýik** greatest

**iň gowy** best

**iňlis** English; **iňlis dili** English *language*

**iňlisçe** English *language*; **iňlisçe gazet** newspaper in English; **iňlisçe romanlar** novels in English

**iňňe** needle

**iňňebagjyk** pin; safety pin

**-ip bilmek** to be able; can; **Gidip bilerin.** I can go.

**ir bilen** morning; a.m.

**irden** early

**Irlandiýa** Ireland

**irlandiýaly** Irish

**islemek** to want; to wish; **-mak/-mek isleýärin.** I wish to ...

**islendik ýerde** anywhere

**ispança** Spanish *language*

**ispaniýaly** Spanish *person/thing*

**iş** work; job; business; **iş buýurmak** to order *something*; **iş taşlaýyş** strike *from work*; **iş taşlamak** to strike *from work*

**işbil** caviar

**işçi** worker

**işdeş** companion

**işgär** colleague; **işgärler** staff

**işik** door

**Işiň ilerik!** good luck!

**Işiňiz şowly bolsun!** good luck!

**işlemek** to work

**işlenen deri** leather

**işlenen gaz çykýan turba** exhaust of car

**işleýär** running

**işlik** verb

**işsiz** unemployed

**işsizlik** unemployment

**it** dog

**Italiýa** Italy

**italiýan** Italian *person*

**italýan dili; italýança** Italian *language*

**iteklemek; itmek** to push

**iýeniň siňmezligi** indigestion

**iýmek** to eat

**iýmit berilýän nokat** feeding station

**iýul** July

**iýun** June

## J

**jahan** world

**jam** bowl

**jan** soul

**jaň** bell; **jaň etmek** to call; to ring

**jaý** house; building; apartment block
**jaýlama** funeral
**jaýryk** fracture
**jaýrylmak** to split
**jaz** jazz
**jähek** ferret
**jähennem** hell
**jedel** dispute
**jellat** executioner
**jemgyýet** society
**jenaýat** crime
**jenaýatçy** criminal
**jenjel** feud
**jennet** heaven; paradise
**jeň** battle
**jerime** fine *of money*; reparation
**jeza bermek** punish
**jinsi balak** jeans
**jogap** answer; **jogap bermek** to reply
**jorap** sock
**juda oňat** excellent
**jübi** pocket
**jübi telefony** mobile phone
**jübüt** double
**jülge** valley; ravine
**jümşüldi** *medical* pins and needles
**jynaza durma** funeral
**jyns** sex

# Ž

**Žaponiýa** Japan
**žeton** token *coin*
**žurnal** magazine
**žurnalist** journalist

# K

**kabel** cable
**Kabul** Kabul
**kabul etmek** to receive
**kadaly** normal
**kagyz** paper substance; **kagyz bölegi** a piece of paper; **kagyz pul** bank note
**kaka** father
**kakmak** to hit
**kalkulýator** calculator
**Kanada** Canada
**kanadaly** Canadian
**kanagatlanarly** satisfactory
**kanal** canal; channel
**kanikul** vacation
**kanistr** canister
**kanselýariýa dükany** stationery shop
**kanselýariýaçylyk** bureaucracy
**kantselyariýa enjamlary** stationery
**kanun** law
**kanuny** legal
**kapot** hood/bonnet *of car*
**karar** decision; **karara gelmek** to decide
**karargäh** headquarters
**karta** map
**kartoşka** potato
**kartoteka** *paper* file
**karz** credit; debt; **karz almak** to borrow; **karz bermek** to lend
**kasam içmek** to swear an oath
**kassa** ticket office; cashier's booth
**kasseta** cassette; tape
**kassir** cashier
**katolik** Catholic
**kauçuk** rubber
**Kawkaz** Caucasus
**kazarma** barracks
**kazino** casino
**kazy** judge
**kazyýet** law court
**käbir** some
**kädi** pumpkin
**käkilik** partridge
**kämilleşen** perfect
**kän** much; a lot; mine *mineral*
**kär** job; profession
**kärdeşler arkalaşygy** trade union

ş = ship    ý = yet

**kärhana** enterprise
**käse** *handleless* teacup
**käşir** carrot
**käwagt** sometimes
**kebap** kebab
**kebelek** butterfly
**kelem** cabbage
**kelle** head; **kelle agyrysy** headache; **Kelläm agyrýar.** I have a headache.
**kelte** short
**kemer** belt
**kemping** camping
**kemput** candy
**kenar** shore
**kenardan uzakda** offshore
**kepderi** dove; pigeon
**ker** deaf
**keramika** ceramics
**kerematly** saint
**kerki** pickax
**kerpiç** brick
**kerwen** caravan
**keseki** strange
**kesel** illness; disease
**keselhana** hospital
**keselli** sick
**kesmek** to cut
**ketçup** ketchup
**kiçi: -dan/-den kiçi** smaller (than); **kiçi gülýaka** brooch
**kiçijik** little; small
**kilit** hook
**kilo; kile** kilogram
**kilometr** kilometer
**kim?** who?
**kimdir biri** anyone
**kino** film; movie; **kinoteatr** cinema
**kinorežissýor** film-maker
**kiosk** kiosk
**kipýatilnik** heating coil
**kirli** dirty
**kislorod** oxygen
**kitap** book; **kitap dükany** bookshop

**kitaphana** library
**klimat** climate
**klinika** clinic
**klub** club
**klubnika** strawberry
**kod** code
**kofe** coffee
**kolbasa** sausage
**koleýa** track
**kolgotka** tights
**kolhoz** kolkhoz; collective farm
**kollej** college
**kombaýn** combine harvester
**komissiýa** commission
**kommanda** team
**kommunist** Communist
**kommunizm** communism
**kompaniýa** company; firm
**kompas** compass
**kompozisiýa** composition
**kompozitor** composer
**kompýuter** computer
**kondisioner** air conditioner; **kondisioner sistemasy** air conditioning
**konferensiýa** conference; **konferensiýa zaly** conference room
**konsert** concert; **konsert zaly** concert hall
**konslager** concentration camp
**konstitusiýa** constitution
**konsulhana** consulate
**konsultant** consultant
**kontaktly linza** contact lenses; **kontaktly linza saklanýan ergin** contact lens solution
**konteýner** container freight
**kontrabandist** smuggler
**kontuziýa** concussion *medical*
**konwert** envelope
**konwoý** convoy
**konýak** brandy; cognac
**konýok zynmak** skating
**koriandr** coriander
**korol** king
**korrupsiýa** corruption

**kosmetika** make-up
**kosmos** outer space
**kostýum** jacket; suit
**kowalamak** to chase
**köçe** street
**köçedäki** adj outside
**köl** lake
**kölege** shade
**kömek** aid; help; **kömek ediň!** help!; **kömek bermek** to help
**kömür şahtasy** coal mine
**köne** old thing; second-hand
**köp** much; many; **-dan/-den köp** more than
**köpden bäri** for a long time
**köplenç** usually
**köpri** bridge
**köpük** loose change
**köpüsi** most; majority
**kör** blind
**köriçege keseli** appendicitis
**köşeşdiriji derman** tranquilizer
**köşk** palace
**köwüş** shoes
**köýnek** shirt
**kran** tap/faucet; crane machine
**kredit** credit; **kredit karty** credit card
**krizis** crisis
**krovat** bed
**krylo** fender
**kseroks** photocopy; **kseroks maşyny** photocopier; **kseroks etmek** to photocopy
**kuhnýa** kitchen
**kurýer** courier
**Kuran** Qur'an
**kurort** spa
**kurs** rate; **Kurs näçeden?** What is the exchange rate?
**kükrek** chest
**küldan** ashtray
**külüň** pickax
**kümüş** silver
**künjek** corner
**kürek** spade
**kürt** Kurd

**kürüşge** cup
**küşt** chess
**küýze** pottery
**kwadrat** square
**kwartal** quarter; area; housing estate/project
**kwartira** apartment
**kwitansiýa** receipt
**kybaplaşdyrma** unification
**kyn** hard; difficult
**kyrk** forty

# L

**laboratoriýa** laboratory
**lak** varnish
**lampa** lamp; light bulb
**laptop kompýuter** laptop computer
**laý** mud
**leýkoplastyr** Band-Aid
**legen** basin
**leglek** stork
**leksiýa** lecture
**lezzet** pleasure
**lider** leader
**lift** lift; elevator
**limetta** fruit
**limon** lemon
**lineýka** ruler measure
**lingwist** linguist
**lingwistika** linguistics
**linza** lens
**litr** liter
**lukman** doctor
**lukmançylyk** medicine

# M

**maý** May
**maýa** capital financial
**maýyl** warm; **maýyl gyş** mild winter
**maýylganlyk** thaw
**maýyp** disabled; **Maýyplar girip**

**bilyärmi?** Do you have access for the disabled?
**mafia** mafia
**mafiozi** gangster
**magazin** store; **magazine aýlanmak** shopping
**maglumat** information
**magnitli** magnetic
**magnitofon** tape recorder
**Magtymguly (aýy)** May
**mahrum etmek** to deprive
**makala** article; paper
**maksat** goal; aim
**maksatnama** program
**mal** cattle
**maliýe** finance
**malina** raspberry
**mama** grandmother
**manat** manat
**many** meaning; sense
**-maň** not; **Gitmäň!** Don't go!
**maňa** to/for me; **Maňa ... gerek.** I need/want ...; **Maňa ... gerek däl.** I don't need/want ...; **Maňa kömek berip bilersiňizmi?** Can you help me?
**maňka** can; tin
**mark** mark currency
**marka** postage stamp
**marşrut** route
**mart** March
**masgarabaz** clown
**maslahat** board; council; conference
**maslýonka** oilcan
**maşgala** family
**maşk** exercise
**maşyn** car; machine; **maşyn goýulan ýer** car park; **maşyny bellige alyş** car registration; **maşyny goýmak** to park a car; **maşynyň dokumentleri** car papers; **maşynyň öň aýnasy** windshield
**maşynka** typewriter
**mata** cloth
**matç** game
**matematika** mathematics
**material** material
**matras** mattress
**mawy** blue
**mawzoleý** mausoleum
**mazar** *noun* grave
**mazarçylyk** cemetery
**mazmun** meaning; sense
**mälim** known
**mämişi** color
**mebel** furniture
**medeniýet** culture
**medisina** *noun* medicine; *adj* medical
**medrese** madrasa
**mehanik** mechanic
**Mejlis** Turkmen parliament
**mekdep** school
**mekgejöwen** corn; maize
**men** I
**menden; meni; maňa** me
**meniň** my
**meniňki** *adj* mine
**menýu** menu
**meňzeş** similar; like
**merdiwan** ladder
**mergi** cholera
**merkez** center
**mes** fertile
**mesele** problem; **meselem** for example
**mesi** soleless leather boots
**meşhur** famous
**metal** metal
**metbugat** the press
**metjit** mosque
**metr** meter
**metro** metro; subway
**meýdan** area; field; main square
**mikrob** germs
**mikroskop** microscope
**mil** mile
**milisiýa** police; **milisiýa uçastogy** police station; **Milisiýa jaň ediň!** Call the police!

**milisiýoner** policeman

**millet** nation; people; nationality

**milli** traditional

**million** million

**mina** *explosive* mine; **mina detektory** mine detector; **mina gapany** booby trap; **mina goýmak** to lay mines; **minadan arassalamak** to clear mines; **minany basmak** to hit a mine; **minalary zyýansyzlandyrmak** mine disposal

**minalanan meýdan** minefield

**minara** minaret; tower

**mineral** mineral; **mineral suw** mineral water

**ministr** minister

**ministrlik** ministry

**minut** minute

**mis** copper

**miwe** fruit; **miwe suwy** fruit juice

**moda** *fashion* clothes

**molla** mullah

**molniýa** zipper

**monarh** monarch

**monjuk** necklace

**moroženoe** ice-cream

**motor** engine; motorbike

**motosikl** motorbike

**möçber** amount

**möhüm** important

**möhür** *offfical* stamp

**möjek** wolf

**mör-möjek** insect

**möý** spider

**mugallym** teacher

**mugt** free of charge

**mukdar** amount

**mundan ozal/oň** ago

**murt** mustache

**musaýý** Jew; Jewish; **Musaýý dini** Judaism

**musor** garbage

**musulman** Muslim

**muzeý** museum

**mümkin** possible; maybe; **mümkinmi?** may I?; **mümkin däl** impossible

**mümkin bolsa** if possible

**müniş talony** boarding pass

**münmek** to ride a horse

**müň** thousand

**mütrük** tick *insect*

**mydama** always

**myhman** guest; visitor; **myhman orator** guest speaker; **myhman bolmak** to visit *as a guest*

**myhmanhana** hotel; guesthouse; hostel

**mysal** example

# N

**nabat** *crystal* sugar

**nahar** food; meal; **nahar iýilýän wagt** meal; **nahar iýmek** to dine

**naharhana** dining room

**nakyl** proverb

**namaz** prayer *Muslim*; **namaz okamak** to pray

**namazlyk** prayer rug

**nan** bread

**nar** pomegranate

**narkoman** drug addict

**narkotik** narcotic

**narkoz** anesthetic

**narpyzly** menthol

**nas** chewing tobacco

**nasos** pump

**nasos stansiýasy** pumping station

**nasoslap çykarmak** to pump

**nazy-nygmat** dessert

**näbelli** unknown

**näçe?** how much?; how many?; **Näden?** What is the charge?; **Näçe pul?** How much is it?

**nädip?** how?; what?

**nädogry** wrong; false

**nähili?** how?; what kind?; **Nähili ýazylýar?** How do you spell that?

**nämälim** unknown
**näme?** what?; **näme üçin?** why?
**nätanyş adam** stranger
**ne ... ne** neither ... nor
**nebit** oil; **nebit skwažinasy** oil well; **nebit ýatagy** oilfield; **nebit çykarylyşy** oil production; **nebit dökülişi** oil spill; **nebit tankeri** oil tanker; **nebit turbasy** oil pipeline; **nebiti gaýtadan işläp çykarýan zawod** oil refinery
**nebitçi** oil worker
**nefteprovod** oil pipeline
**nemis** German
**nemisçe** German *language*
**nerw** nerve
**nesip bolsa!** God willing!
**nesýe** duty *customs*
**neşe** narcotic
**neşekeş** drug addict
**neşir etmek** publish
**neşirýat** publisher
**neýtral** drive
**nikalylyk durumy** marital status
**nirede?** where?
**nireden?** where from?
**niýet** intention
**nol** zero
**nomer** number
**normal** normal
**nosilka** stretcher
**Nowruz** New Year (March 21)
**noýabr** November
**noýba** beans
**nukdaý nazar** point of view
**nurbat** screw
**nusga** copy; **nusga almak** to copy
**nyrh** cost; price
**nyşan** sign; symbol

# O

**o; ol** he; she; it; that; **o näme?** what's that?; **o tarap; şo tarap** that way

**oba** village; **oba ýeri** countryside; **obalarda** in the country; **oba aksakallary/ýaşululary** village elder; **oba hojalygy** agriculture; **Oba hojalyk ministrligi** Ministry of Agriculture
**obşina** community
**oçerk** essay; article
**odun** firewood
**ofiser** military officer
**ofisiant** waiter
**ofisiantka** waitress
**oglan** boy
**ogry** thief
**ogşamak** to kiss
**ogul** son
**ogurlamak** to rob; to steal; to kidnap
**ogurlanan** stolen
**ogurlyk** robbery; theft
**Oguz (aýy)** June
**ok** bullet
**okamak** to read; to study
**okean** ocean
**okgunlylyk** violence
**oktýabr** October
**okuw** education
**okuwçy** pupil; student
**ol** *see* **o**; **ol ýerde** there
**olar** they; those
**olaryň** their; **olaryň özi** themselves
**olaryňky** theirs
**on** ten; **on ýyl** decade
**on alty** sixteen
**on bäş** fifteen
**on bir** eleven
**onda** in that case
**ondan hem başga** besides
**on dokuz** nineteen
**on dört** fourteen
**on iki** twelve
**on sekiz** eighteen
**onsoň** so
**onunjy** tenth

ç = *ch*urch     ž = a*z*ure     ň = si*ng*

**onuň** her/him; his/her/its
**onuňky** his/her/its
**on üç** thirteen
**ony/oňa** her/him/it
**on ýedi** seventeen
**oň: -dan/-den öň** before
**oňa/ony** her/him/it
**oňat** good
**oňaýly** comfortable
**oňurga** spine back
**opera** opera; **opera zaly** opera house
**operasiýa** operation; surgery **operasiýa otagy** operating theater
**operator** machine
**oppozisiýa** opposition
**orak** harvest
**orator** speaker *person*
**oraza** Ramadan
**ormak** to reap
**orta** middle; average; center
**ortaça** normal
**orus** Russian *person*
**orusça** Russian *language*
**Orusýet** Russia
**ot** fire; grass
**otag** room; **otag nomeri** room number; **otag ýygnamak hyzmati** room service
**otkrytka** postcard
**otluçöp** matches; **Otluçöp barmy?** Do you have a light?
**otly** train
**otopleniýe** heating
**oturgyç** chair; seat
**oturmak** to sit
**otuz** thirty
**otwertka** screwdriver
**otyrylyşyk** party; fiesta
**owadan** beautiful
**owadanlyk** beauty
**owgan** Afghan
**Owganystan** Afghanistan
**ownuk** small
**oylamak** to think

**oýa** awake
**oýanmak** to wake
**oýarmak üçin jaň etmek** wake-up call
**oýlap: oýlap tapyjy** inventor; **oýlap tapylan täze zat** invention
**oýnamak** to play; to perform
**oýun** game; *theater* play; **oýun goýuş** performance

# Ö

**öçürmek** to turn off
**ökde** skilled
**öküz** bull
**öl** wet *adjective*
**ölçeg** size *of clothing*
**ölçemek** to measure
**öldürilme** murder
**öldürmek** to kill
**öli** dead
**öllemek** to wet
**ölmek** to die
**ölüm** death; **ölüm jezasy** execution; **ölüm jezasyny bermek** to execute
**ömür** life
**önüm** product; harvest
**öň** front; foreward; previously
**öňe** forwards
**öňňin** the day before yesterday
**öňünde** in front of
**öpmek** to kiss
**örän** very; too; **örän az** too little; **örän köp** too much; **örän gowy** excellent
**ördek** duck
**ösdürip ýetişdirmek** to breed
**ösmek** to grow; to grow up
**ösümlik** plant
**ösüş** development
**öte köp** too much
**öten** *adjective* past; **öten ýyl** last year
**ötmek** to pass

**ötünç** apology; **Ötünç soraýaryn.** I apologize.
**öwezini dolma** compensation
**öwmek** to praise
**öwrenme** study
**öwrenmek** to learn
**öwretmek** to teach
**öwrülişik** revolution
**öwrülmek** to turn; to turn into
**öý** house; apartment; home; **öý eýesi** host; **öý enjamlary** household appliances; **Öýüm bar.** I own a house.
**öýken** lung
**öýlän** afternoon; p.m.
**öýlenmek** to marry *said by a man*; **öýlenen** I am married. *said by a man*
**öýsüz** homeless
**öz** *adjective* own
**Özbegistan** Uzbekistan
**özbek** Uzbek
**özbekçe** Uzbek *language*
**özi; öz-özüni** himself; herself; itself
**özüm** myself
**özümiz** ourselves
**özümiziň** our
**özüne; özüni** himself; herself; itself
**özüňiz** yourself

# P

**pagta** cotton; cotton wool
**Pakistan** Pakistan
**pakistanly** Pakistani
**palas** kilim
**palatka** tent
**palaw** pilau
**palçyk** mud
**palta** axe
**palto** coat; overcoat
**pamyk** cotton; cotton wool
**panys** flashlight
**parahatçylyk** peace
**parahorluk** corruption
**parasatlylyk** wisdom
**paraşut** parachute
**parawuz** ferret
**park** park
**parlament** parliament
**parom** ferry
**parovoz** locomotive
**pars dili; parsça** Farsi
**partiýa** *political* party
**partizan** guerrilla
**partlama** explosion
**partlamadyk bomba** unexploded bomb
**partlamak** to explode
**partlaýyjy maddalar** explosives
**pasport** passport; **pasport nomeri** passport number
**pasyl** season
**patyşa** king; monarch
**patyşanyň** royal
**paý** portion
**paýlamak** to divide
**paýlaşmak** to share
**paýtagt** capital city
**päki** razor
**pediatr** pediatrician
**pediatriýa** pediatrics
**pena** asylum; **pena bermek** to give asylum
**penisillin** penicillin
**penşenbe** Thursday
**peredaça** gear
**peredatçik** transmitter
**perron** station; **perron nomeri** platform number
**pes** low
**peşehorda** ulcer
**peşgeş** gift
**peýda** use; **peýda bolmak** to appear
**peýdalanmak** to use
**peýdaly** useful
**Peýdasy ýok.** It's no use.
**peýdasyz** useless
**peýnir** cheese

**pianino** piano

**pikir** idea; thought; **pikir etmek** to think

**pikirleniş** thought

**pil** shovel

**pilot** pilot

**pissa** pizza

**pisse** pistachio

**pistolet** pistol

**pişik** cat

**pivo** beer

**plastinka** *noun* record; album

**plastmassa** plastic

**platforma** platform

**plita** cooker; stove

**ploşşad** main square

**plýaž** beach

**plýonka** film *for camera*

**poçta** mail; post office; **poçta ýaşşigi** mailbox

**podwal** cellar

**polat** steel

**polotense** towel

**pomada** lipstick

**pomidor** tomato

**pomost** podium

**pop** priest

**poroşok** powder

**port** port

**pos** rust

**post** roadblock

**posylka** package; parcel

**pozisiýa** position

**pökgi** ball

**prawoslaw** Orthodox

**premýer** premier

**premýer-ministr** prime minister

**prezerwatiw** condom

**prezident** president

**priçýoska** haircut

**prinsip** principle

**pristan** dock

**problema** problem

**proeksiýon fonar** projector

**professional** professional

**professor** professor

**programma** program; show

**prostyn** sheet

**protez** prosthesis; artificial limb

**pruzin** *metal* spring

**pul** money; currency

**pulemýot** machine gun

**pursat** moment

**puşka** cannon

**pyýala** handleless teacup

**pýan** drunk

**pýesa** play *theater*

**pyçak** knife

**pyntyklamak** to dial a number

**pyýada ýol** footpath

**pyýada goşuna garşy mina** anti-personnel mine

## R

**radar** radar

**radiator** radiator

**radio** radio; **radio gepleşigi** radio broadcast; **radio programmasy** radio program; **radiostansiýa** radio station

**radioly taksy** radio taxi

**rahat** *adjective* quiet

**rahatlyk** quiet *adjective*

**rak** cancer

**raketa** missile

**rakowina** sink

**rasiýa** walkie-talkie

**raspisaniýe** timetable

**raýat** citizen; **raýat hukuklary** civil rights; **raýatlar urşy** civil war

**raýatlyk** citizenship; **raýatlyk hukugy** civil rights; **raýatlyk urşy** civil war

**razmer** size *of clothing*

**razy** satisfied

**reaksioner** reactionary

**redaktor** editor

**regbi** rugby

**registrasiýa** check-in; reception desk

**rehimli** kind *adjective*
**rehimsiz** cruel
**režim** regime
**režissýor** film-maker; director
**rekord** record *sports*
**remezan** Ramadan
**remont etmek** to repair; to renovate
**remont** repair; renovation
**rentgen** X-ray
**reňk** color; paint
**reňklemek** to paint
**reňkli film** color film
**reňksiz** colorless
**resminama** document
**respublika** republic
**restoran** restaurant
**rewolýusiýa** revolution
**reýd** raid
**reýhan** basil
**reýs** *plane* flight; **reýs nomeri** flight number; **Reýs ýatyrýldy.** The plane is cancelled.
**rezerw** reserves
**roždestwo** Christmas
**roman** novel
**rowaýat** legend
**ruçka** pen
**rugsat** vacation; **rugsat etmek** to allow
**rugsatsyz** without permission
**ruh** soul
**ruhany** priest
**ruhgün** Saturday
**Ruhnama (aýý)** September
**rul** steering wheel
**rus dili** Russian *language*
**ryçag** lever
**rýukzak** backpack

# S

**sa/se:** *verb* + **sa/se** if
**sabyn** soap
**saç** hair on head; **saç çotkasy** hairbrush

**saçak** tablecloth
**saçakçy** cockroach
**sada** simple
**sag** right *hand*; **sag tarap** right side; **Saga öwrül.** turn right!; **sag bol aýtmak** to thank; **Sag boluň!** thank you!; good bye!' cheers!
**Sag-aman baryň!** bon voyage!
**sagat** hour; clock; watch; **sagat ussasy** watchmaker's; **sagat üçde.** at three o'clock; **Sagat näçe?** What time is it?; **Sagat ... boldy.** It is ... o'clock.
**sagçylar** right-wing
**sagdyn** healthy
**saglygy goraýyş** healthcare; **Saglygy goraýyş we derman senagaty ministrligi** Ministry of Health
**saglyk** health; **saglygyňyz üçin!** to your heath!; **saglyk strahowaniýesy** medical insurance
**sahna** stage
**sakal; sakgal** beard; **sakgal almak** to shave; **sakgal almak üçin köpük** shaving cream
**sakgyç** chewing gum
**saklamak** to keep
**sakyrtga** tick *insect*
**salam!** hello!
**salat** lettuce; salad
**salfetka** napkin; tissues
**salgy beriş edarasy** information office
**salgy beriş kitaby** guidebook
**salgyt** tax; **salgyt salmak** to tax
**salgytsyz** tax-free; **salgytsyz zona** tax-free zone
**salkyn** cool *air*
**salmak** to build
**salyhatly** serious
**samolýot** airplane; **Samolýot haçan uçar?** What time does the plane take off?
**samsyk** fool

# siziňki

**sanamak** to count
**sanaw** list
**sandyk** box
**Sanjar (aýy)** November
**sap** handle
**sapak** lesson
**sapança** pistol
**saramak** to wrap; to wind
**sargyt** order *for something*
**sarp etmek** to consume
**sary** yellow; **sary garynja** termite; **sary getirme** hepatitis
**sarymsak** garlic
**satmak** to sell
**satyjy** salesperson
**satyn almak** to buy
**saýawan** umbrella
**saýlamak** to choose; to elect
**saýlaw** election; voting
**saz** music; **saz eseri** composition
**sçot** score
**se/sa:** *verb* + sa/se if
**sebäbi** because
**sebäp** cause; reason
**sebet** basket
**sebit** region
**seçme** bullet
**segsen** eighty
**sekiz** eight
**sekretar** secretary
**sekunt** *noun* second
**selle** turban
**semawar** samovar
**semiz** *adjective* fat
**semremek** to get fat
**sen** familiar
**senagat** industry
**senagog** synagogue
**sene** date *day*
**senet** art
**senetçilik** handicraft
**sentýabr** September
**septik** septic
**serdar** leader

**seresap** careful
**seretmek** to look; to watch
**sergi** show; exhibition; **sergä çykarmak** to exhibit
**serhet** border; frontier; **serhet punkty** border crossing
**serhetçi** border guard
**serhoş** drunk
**seriýa** series
**sermaýa** capital; finances
**ses** voice; sound; vote; **ses berlişik** vote; **ses apparaturasy** sound equipment; **ses bermek** to vote; **ses beriş** voting; **ses berlişiniň galp-landyrylşy** vote-rigging
**sessiýa** session
**sessiz** silent
**setir** line *on paper*
**seýf** safe box
**seýilgäh** main square
**seýsmologik gözleg** seismic survey
**Sibir** Siberia
**sidi** CD; **sidi pleýer** CD player
**sigan** Gipsy
**sigar** cigar
**sil** flood
**silkmek** to shake
**sim** wire; **Simler kesilipdir.** The lines have been cut.
**simfoniýa** symphony
**sintaksis** syntax
**siňek** fly
**sirke** vinegar
**sistema** system
**sişenbe** Tuesday
**sitrus** citrus
**siz** you *formal/plural*; **Size näme gerek?** What do you want?
**-siz/-syz** without
**siziň** your
**siziňki** yours; **Siziňki dogry!** You are right!; **Siziňki ýalňyş.** You're wrong!

§ = ship        ý = yet
**Turkmen Dictionary & Phrasebook · 53**

**sklad** depot

**snarýad** *military* shell; **snarýad bölegi** shrapnel

**sobor** cathedral

**sogan** onion

**sogapgün** Thursday

**sok** fruit juice

**soldat** soldier

**solgun** pale

**soltan** sultan

**soň:** **-dan/-den soň** after; then

**soňky** *adj* last; final; next

**soňra** afterwards

**soňy** end

**sorag** question

**soramak** to ask

**sort** kind; type; first class

**sosialist** socialist

**sosializm** socialism

**sosiska** sausage

**sosiýal** social

**sosna agajy** pine

**sowadyjy** refrigerator

**sowat** knowledge

**Sowet Soýuzy** Soviet Union

**sowgat** present; gift; souvenir

**sowmak** to spend

**sowuk** *adjective* cold

**sowuklama** *noun* cold

**soýuz** union

**sögmek** to curse

**söndürmek** to turn off

**söweş** fight; battle

**söwüt** willow

**söýgi** love

**söýmek** to like; to love

**sözbaşy** introduction

**sözenek keseli** venereal disease

**sözlük** dictionary

**spalnyý meşok** sleeping bag

**spesialist** specialist

**SPID** AIDS

**spiker** speaker *hifi*

**spirt** alcohol

**spirtli** alcoholic *drink*

**spisok** list

**sport** sports; athletics

**sportçy; sportsmen** athlete; sportsman

**sprawoçnik** guidebook

**sputnik** satellite; **sputnik telefony** satellite phone

**stadion** stadium

**stakan** *drinking* glass; **bir stakan suw** glass of water

**stansiýa** station

**sterling** sterling

**stetoskop** stethoscope

**stol** table; desk

**strahowaniýe** insurance; insurance policy; **Strahowaniýäm bar.** I have insurance.

**student** student

**stul** chair

**subut** evidence; **subut etmek** to prove

**subutnama** proof; witness

**sud** law court; trial *legal*

**sudur** shape

**sudýa** referee

**sugun** deer

**sumka** bag; handbag

**sungat** art; **sungat sergisi** art gallery

**sunuň üçin** for that reason

**surat** picture; image; painting; photo; portrait

**suratçy** artist; painter

**suw** water; **suwa düşmek** to bathe; **Suw kesilipdir.** The water has been cut off.; **Suwsadym.** I'm thirsty.

**suwakar** drain

**suwulgan** lizard

**sünçmek** to stick

**sünnet** circumcision

**süňk** bone

**süpürmek** to sweep

**sürgün etmek** to exile

**süri** herd; flock

**sürmek** to drive

**sürüji** driver

ç = *ch*urch    ž = a*z*ure    ň = si*ng*

**sürüjilik şahadatnamasy** driving license

**süýji** sweet; tasty; **süýji (içilýän) suw** drinking water; **süýji zatlar** dessert

**süýremek** to drag

**süýrenjeňlik** bureaucracy

**süýt** milk; **süýt fermasy** dairy farm; **süýt emdiriji** mammal

**süýtli kofe** coffee with milk

**swetofor** traffic lights

**switer** sweater

**syçan** mouse

**sygyr** cow; **sygyr eti** beef

**sylag** prize

**synag** exam; test

**synçy** observer

**syndyrmak** to destroy

**synp** class

**sypaýçylçykly** polite

**sypaýy** polite

**syr** *noun* secret

**syrça** varnish; enamel

**syrgyn** blizzard

**syrkaw** sick; patient *medical*

**syrma** zipper

**syý** lap

**syýa** ink

**syýahat** travel; **syýahat agentligi** travel agent; **syýahat çekleri** travelers' checks; **syýahat etmek** to travel; **syýahat etmekden maksat** reason for travel

**syýahatçy** traveler; tourist

**syýahatçylyk** tourism

**syýasat** politics

**syýasy** political; **syýasy işgär** politician

**-syz/-siz** without

**syzmak** to leak

# Ş

**şadyýan** happy

**şah** shah

**şahta** mine *mineral*

**şahtaçy** miner

**şahyr** poet

**şalgam** turnip

**şampan** champagne

**şampun** shampoo

**şar** ball

**şarf** scarf

**şarikli ruçka** ballpoint pen

**şarlawuk** waterfall

**şat** happy

**şaýat** witness

**şaý-sep** jewelry

**şaýy; şaýy pul; şaýylyk** coins; change

**şäher** city; town; **şäher häkimligi** city hall; town hall; **şäher kartasy** city map; **şäher merkezi** city center; **şäheriň töweregi** suburb

**şärik** companion

**şeýle** so; such; like that

**şeýtan** devil

**şeker** sugar

**şekil** form; shape

**şel** paralyzed

**şem** candle

**şemdan** candlestick

**şenbe güni** Saturday

**şenbe-ýekşenbe** weekend

**şepagat uýasy** nurse

**şepbik** gum

**şepleniýe** clutch of car

**şertnama** contract

**şetdaly** peach

**şibit** dill

**şifr** dialing code

**şikaýat** complaint; **şikaýat etmek** to complain

**şikes** trauma

**şin** tire/tyre; splint

**şiwe** dialect

**şkaf** cupboard; cabinet

**şlýapa** hat

**şlanga** hose

**şok** shock

şokolad chocolate
şol wagt then
şonça so much/many
şonuň üçin therefore
şonuň ýaly-da also
şor salty
şorty shorts
şotland Scottish *person*
Şotlandiýa Scotland
şotlandiýaly Scottish *person*
şowsuzlyk failure
şpris syringe
ştab staff; headquarters
ştat state; nation
ştraf reparation
şu this; **şu tarap** this way; **şu taý(da)** here; **şu gün** today; **şu gün ir bilen** this morning; **şu gün öýlän** this afternoon; **şu gün agşam** tonight; **şu hepde** this week; **şu ýyl** this year
şugundyr beetroot
şunuň ýaly like that
şübhelenmek doubt
şygyr poem
şypahana spa

# T

tabak cup; bowl; tobacco
tabletka pill; tablet
tabşyrmak to hand over
tagam *noun* taste
tagt throne
tagta plank
takmynan almost; approximately; more or less
taksi taxi
takyk exact
takyr *noun* plain
talamak to rob
talaňçylyk robbery
tama etmek to expect
tamamlanmak to finish
tamdyr tandoor oven
tamy hell

tamyň üsti roof
tanamak to know *someone*; to recognize; **Ony tanaýarsyňyzmy?** Do you know him/her?
tanap rope
tans dance; **tans etmek** dancing; to dance
tanyşdyrmak introduce
taňňyr tank
tapmak to find
tapylgysyz unique
tarakan cockroach
tarap side; way
tarelka plate
taryh history
taryhçy historian
taşlap gitmek to quit; to desert
taý location; pony
taýak stick
taýpa tribe
taýýar ready
taýýarlamak to prepare
täjik Tajik
täze new; **täze ýyl** New Year (January 1)
Täze Zelandiýa New Zealand
täzelikler gullugy news agency
teatr theater
tebigat nature
tebigy natural; **tebigy baýlyklar** natural resources; **tebigy weýrançylyk/heläkçilik** natural disaster
tegelek circle
tehniki usullar technique
teker wheel
tekiz *adjective* level
tekst text
telearagatnaşyklar telecommunications
telefon telephone; **telefon kody** area code; **Telefon simi üzülipdir.** I've been cut off.; **Telefon işlänok.** The phone doesn't work.

ç = *ch*urch      ž = a*z*ure      ň = si*ng*

**telefon-awtomat** public phone
**telefonist** telephone operator
**telegramma** telegram
**teleks** telex
**teleskop** telescope
**telewideniýa** television station
**telewizor** television
**telpek** hat
**tema** subject; theme
**temperatura** temperature
**tennis** tennis
**tentek** fool; foolish
**teoriýa** theory
**ter** fresh
**terjime** translation; **terjime et-mek** to translate
**terjimeçi** translator
**terjimehal** biography
**terk etmek** to leave
**termit** termite
**termometr** thermometer
**territoriýa** territory
**terror** terror
**terrorçy** terrorist
**terrorizm** terrorism
**ters** *adjective* reverse
**tersine** backwards; opposite
**tertibe salmak** to arrange
**tertip** system
**tertipleşdirmek** to arrange
**tesbi** rosary
**tiger** bicycle
**tigir; tigirçek** wheel
**tigirli oturgyç** wheelchair
**tikenli sim** barbed wire
**tikimçi** dressmaker
**tikin** surgical stitches
**tikmek** to sew
**tire** tribe
**tirsek** elbow
**titremek** to shake
**tiz** fast; quick; quickly; soon; **tiz kömek** first aid; **tiz kömek maşyny** ambulance
**tizlik** speed

**togsan** ninety
**tohum** seed
**tok** electricity; **tok ölçeýji** light meter; **Tok öçdi/söndi** The lights went out.; **Tok kesi-lipdir** The electricity has been cut off.
**tokaý** forest
**tolkun** wave
**tomus** summer; **tomsuň örküji** heatwave; **tomsuň ortasy** midsummer
**top** ball; gun; cannon
**topalaňçy** rebel
**topar** group; flock
**topuk** ankle
**tor** net
**torba** backpack
**tormoz** brake
**tot-tozan** mist
**towşan** rabbit
**towuk** chicken; hen
**towusmak** to lep
**tölemek** to pay
**töwekgelçilik** risk
**töwerek** circle
**traktor** tractor
**tramwaý** streetcar
**transformator** adapter; trans-former
**transfuziýa** blood transfusion
**transport** transportation
**trolleýbus** trolleybus
**tromboz** thrombosis
**tros** tow rope
**trubka** handset
**tualet** toilet(s); **tualet kagyzy** toilet paper; **tualet bitipdir.** The toilet is blocked.; **Tualet işlänok.** The toilet won't flush.
**tudana** mulberry
**tunel** tunnel
**tupan** storm
**turba** pipe; tube
**turist** tourist

**turizm** tourism; **turizm edarasy** tourist office

**turmak** to stand; to get up

**turniket** tourniquet

**turp** turnip

**turşy** sour

**tuşag** prisoner; **tuşag etmek** to arrest

**tut** mulberry

**tutawaç** handle

**tutgaý** epilepsy

**tutmak** to hold; to catch; to hire

**tüm-garaňky** *adjective* dark

**tümlük** darkness

**tüňňür** *noun* can; canister; tank

**tüpeň** gun; rifle

**türgenleşik** exercise

**türk** Turk

**türkçe** Turkish

**Türkiýe** Turkey

**türkmen** Turkmen

**Türkmenbaşy (aýy)** January

**türkmençe** Turkmen *language*

**türme** prison

**tüsse** *noun* smoke

**tüsseçykar (turba)** chimney

**tüweleý** whirlwind

**tüweleme!** good for you!

**tüwi** rice

**tüý** *body* hair

**tüýkürmek** to spit

**tüýs** kind; type

**tygşytlamak** money

**tygşytlylyk** economy; saving

**tylla** gold

# U

**uçar** airplane; **Uçar gijä galýar** The plane is delayed.

**uçmah** heaven; paradise

**uçmak** to fly

**uçujy** pilot

**uçýan tarelka** UFO

**Uels** Wales

**uelsli** Welsh

**ugratmak** to see off

**ugur** way

**uklamak** to sleep

**Ukraina** Ukraine

**ukrainçe** Ukrainian *language*

**ukrop** dill

**uksus** vinegar

**ukum: Ukum tutdy/geldi.** I am sleepy.

**uky** sleep; **uky dermany** sleeping pill(s)

**ukyp; ukyplylyk** ability

**ulag** transportation

**ulanmak** to use

**ulanylan** second-hand

**ulgam** system

**ululyk** size

**uly** big; senior; **uly gyz dogan** older sister; **uly magazin** department store; **uly sumka** carrier bag

**umman** ocean

**umumy** *adj* general

**ümür** fog

**un** flour; **un aş** pasta

**uniwersitet** university; **uniwersitet şäherjigi** campus

**unsiýa** ounce

**urgan** rope

**urkaçy haýwan** female animal

**urmak** to hit

**urşujy** fighter

**uruş** war; **uruş alyp barmak** to wage war; **uruş oduny bes etmek** ceasefire; **uruş tribunaly** war tribunal; **uruş kadalaryna garşy edilen jenaýat** war crime

**uruşmak** to wage war

**usul** fashion; manner

**ussa** mechanic

**ussatlyk** skill

**uşak** small

**utanmak** to be ashamed

**utdurmak** to lose *a game*

**utmak** in game

**uýa** younger sister
**uzaltmak** to extend
**uzyn** long; tall

# Ü

**üç** three; **üç gezek** three times; **üçden bir** one-third; **üçden iki** two-thirds
**üçünji gün** Wednesday
**üçünji** *adjective* third
**üflemek** to blow
**ülüş** portion
**ümsüm** *adjective* quiet
**ümsümlik** silence
**üpjünçilik** *noun* supply
**üsgürmek** to cough
**üst** top
**üstesine** in addition to
**üsti bilen** through
**üstünde** on
**üstünlik** success
**ütük** iron *for clothes*
**üwelen et** ground meat; mince
**üwemek** grind
**üýrmek** to bark
**üýtgemek** to change
**üýtgeşik** different
**üýtgetmek** to alter
**üzüm** grape

# W

**wagon-restoran** dining car
**wagt** time; **wagtynda** on time; **Wagtym ýok.** I don't have time.; **wagta çekmek** to last
**wajyp** significant
**waksina: Waksina edildim.** I've been vaccinated.
**watan** homeland
**waza** vase
**we** and
**wekil** representative
**wekil bolmak** to represent

**wekillik** representation
**welsepit** bicycle
**welsli** Welsh
**wentilýator** fan; **wentilýatoryň çekisi** fan belt
**wertolýot** helicopter
**weto** veto
**weýran etmek** to destroy
**wideokasseta** video cassette
**wideomagnitofon** video player
**wiklýuçatel** *electric* switch
**wilka** fork; *electric* plug
**wirus** virus
**wise-prezident** vice-president
**wiski** whisky
**wiza** visa
**wokzal** railway station
**woltaž** voltage
**wyşka** derrick

# Y

**ybadathana** church; temple
**ykdysadýýet** economics
**ykdysat** economy *of country*
**ykdysatçy** economist
**ykjam telefon** mobile phone
**ylalaşyga gol çekmek** to sign an agreement
**ylalaşyk** agreement; contract
**ylgamak** to run
**ylmy** scientific; **ylmy iş** research
**ylym** science; **ylymlar akademiýasy** academy of sciences
**ymam** imam
**ymarat** building
**ynanmak** to believe
**ynha** here is/are ...
**ynsan** human
**ynsanperwerlik** humanitarian; **ynsanperwerlik kömegi gullukçysy** aid worker; **ynsanperwerlik kömegi** humanitarian aid
**-yň/-iň başy** beginning
**yowuz** cruel

**ys** smell *noun*
**Yslam** Islam
**yslanmak** to stink
**ysmaz** paralyzed
**Ysraýyl** Israel
**yssy** hot; heat
**ysytma** fever
**yuwaş** slow; slowly
**yz** track
**yzarlap yzyndan kowmak** to chase
**yzyna** *adverb* back; backwards; **yzyna almak** to withdraw; **yzyna gaýtarmak** to replace
**yzynda** behind
**yzyndan ýetmek** overtake

# Ý

**ýa- da** or
**ýabany** wild
**ýadamak** to tire
**ýadygärlik** souvenir; monument
**ýadyňa düşmek** to remember
**ýag** oil; fat
**ýagdaý** state; situation
**ýaglyk** scarf
**ýagyş** *noun* rain; **ýagyş ýagýar** it is raining
**ýagyşly howa** rainy weather
**ýahudy** Jew; Jewish
**ýakmak** to burn; to light; to switch on; **Ot ýaksak bolarmy?** May we light a fire?
**ýakymly** nice
**ýakyn** nearby; nearly; **-a/-e ýakyn** near (to)
**ýalan** lie *noun*
**ýaldyramak** to shine
**ýalňyş** mistake; wrong; **ýalňyş düşünmek** to misunderstand
**ýalňyşmak** to make a mistake
**ýalňyz** alone
**ýalpak** shallow
**ýalpyldy** flash
**ýalta** lazy

**ýaly** to like
**ýanbaş** thigh
**ýangyç bazasy** fuel dump
**ýangyç** fuel
**ýanwar** January
**ýanynda** beside
**ýanyňa alyp aýlamak** to guide
**ýaňja** moment
**ýaňy-ýakynda** recently
**ýap** canal; ditch
**ýapgyt** slope
**ýapmak** to close
**ýapon** Japanese *person*; **ýapon dili** Japanese *language*
**ýaponça** Japanese *language*
**ýaprak** leaf
**ýapy** sling *medical*
**ýapyk** closed
**ýapyşmak** to stick to
**ýara** injury; wound
**ýarag** weapon; **ýarag sklady/ ammary** arms dump
**ýaralama** injury
**ýaralamak** to injure; to wound
**ýaralanan** injured
**ýaramly** suitable
**ýaramok** ill
**ýaraşyk** truce
**ýarawsyzlyk** illness
**ýard** yard *distance*
**ýardam** help; aid; relief aid
**ýarygije** midnight
**ýarylma** explosion
**ýarylmak** to burst; to explode
**ýarym; ýary** half
**ýaryş** competition; contest
**ýasalan** artificial
**ýasama** *noun* derivative
**ýasamak** to create
**ýassyk** pillow
**ýaş** age; young
**ýaşamak** to live; to dwell
**ýaşardyjy gaz** tear gas
**ýaşaýjylar** population
**ýaşaýyş** life
**ýaşgün** Tuesday

ýaşuly *noun* elder
ýaşyl green
ýaşyryn *adj* secret
ýat memory; strange
ýatak jaýy accommodation
ýatdan çykarmak forget
ýatgy womb
ýatlamak to remember
ýatmak to lie down; to go to bed
ýatylýan otag bedroom
ýatylýan wagon sleeping car
ýatyrmak to dissolve
ýaýramak to spread
ýaz spring *season*
ýazan adam author
ýazgy writing; record; inscription
ýazmak to write; to record
ýazuw writing; ýazuw görnüş-inde in writing
ýazyjy writer
ýazylýan kagyz writing paper
ýedi seven
ýeke single; alone; ýeke-täk unique
ýekşenbe Sunday
ýel *noun* wind
ýelim pitch
ýelli windy
ýene again; ýene bir another
ýeňil light; not heavy
ýeňiş victory
ýeňmek to defeat
ýepiskop bishop
ýer earth; land; ground; floor; place; area; seat; space; ýer belläp goýma reservation; ýer belledip goýmak to reserve; ýer sürmek to plow; ýer titremesi/ýer yranmasy earthquake; ýer tudanasy strawberry; ýerinde goýmak to replace
ýeralma potato
ýerasty underground
ýerine ýetirmek duty
ýeriň opurylmagy landslide

ýerküme cellar
ýerli local
ýerzemin cellar
ýesir prisoner; P.O.W.; ýesirler lageri P.O.W. camp
ýeterlik enough; satisfactory; ýeterlik däl not enough
ýeterlikli sufficient
ýetim orphan
ýetişdirmek to grow crops
ýetişewerin! help!
ýetmezçilik shortage
ýetmiş seventy
ýewreý Jew; Jewish; ýewreý dini Judaism
Ýewropa Europe
Ýewropa Birligi European Union
ýewropaly European
ýigrenmek hate
ýigrimi twenty
ýiti sharp
ýitirmek to lose *something*
ýoda road; path
ýogsa otherwise
ýok no; there is/are not
ýokary derejedäki ýygnak summit conference
ýokary gan basyşy high blood pressure
ýokaryk up
ýokarysy summit
ýoksul poor
ýol road; route; way; path; ýol kartasy road map; ýol polisi traffic police; ýol bermek to yield
ýolagçy passenger
ýolbaşçy manager
ýolbelet guide *noun*
ýolçyra traffic lights
ýoldaş companion; comrade
ýolmak to tear
ýoluň çatrygy crossroads
ýomak humor; joke
ýorgan quilt

ş = *ship*        ý = *yet*

**ýöne** but; however
**ýönekeý** ordinary; usual
**ýörelge** principle
**ýöretmek** to lead
**ýöriş** protest; **ýöriş etmek** to protest
**ýumşak** soft
**ýumurtga** egg
**ýurdundan zorluk bilen göçürilen** displaced person
**ýurt** country; **ýurtdan çykarmak** to deport
**ýuwaş** quietly
**ýuwmak** wash
**ýuwutmak** to swallow
**ýük** cargo; freight; **ýük maşyny** truck
**ýüklemek** to freight; to ship
**ýüň** wool; **ýüň ýorgan** blanket
**ýüp** rope; string; thread
**ýüpek** silk
**ýüpekçilik** silk production
**ýüregime düşdi** I am annoyed
**ýürek** heart
**ýürekli** brave
**ýüz** face; hundred
**ýüzmek** to swim
**ýüzük** ring *noun*
**ýygnak** assembly
**ýygy-ýygydan** often
**ýygym** *noun* tax
**ýykylmak** to fall
**ýyl** year
**ýyladyş** heating
**ýylan** snake
**ýyldyrym** lightning
**ýyldyz** star

**ýyly** warm
**ýyrtmak** to tear

# Z

**zabt etmek** to invade
**zagpyran** saffron
**zajigalka** lighter
**zakaz** order *for something*; **zakaz etmek** to order
**zapas** reserves; supply; **zapas odeýal** an extra blanket
**zarýadlamak** charge *electricity*
**zat** thing; **zat satyn almak** shopping; **Zatlarymy ogurladylar.** I've been robbed.
**zawod** factory
**zaýala(n)mak** to spoil
**zäher** poison
**zäherli** poisonous
**zeýrenç** complaint
**zeýrenmek** to complain
**zerarly** for that reason
**zerre** zero
**zerur** necessary
**zibil** trash/rubbish
**znaçok** *noun* sign
**zolak; zona** zone
**zont** umbrella
**zontik** umbrella
**zoopark** zoo
**zyýanly** harmful
**zyýany ýok!** no problem!
**zyýaratçy** pilgrim
**zynjyr** chain
**zyňmak** to throw

# ENGLISH–TURKMEN
# IŇLISÇE–TÜRKMENÇE

## A

**ability** ukyp; ukyplylyk

**able: to be able** *verb* + -yp/-ip bil-; **I am able to go.** Gidip bilýärin.

**about** barada; hakynda

**academic** akademik

**academy** akademiýa; **academy of sciences** ylymlar akademiýasy

**accelerator** gaz pedaly

**accent** aksent

**access: Do you have access for the disabled?** Maýyplar girip bilýärmi?

**accident** awariýa; heläkçilik; **There's been an accident.** Awariýa boldy.

**accommodation** ýatak jaýy; düşelge

**according to** -e/-a görä; boýunça

**accountant** hasapçy

**accuse** aýyplamak

**activist** aktiwist

**actor** artist; aktýor

**actual** hakyky; aktual

**adapter** adaptor; transformator

**add** goşmak

**addition: in addition to** üstesine

**address** adres

**administrator** administrator

**adventure** başdan geçirme

**Afghan** owgan

**Afghanistan** Owganystan

**afraid: to be afraid of** -dan/-den gorkmak

**after** -dan/-den soň

**afternoon** öýlän; **this afternoon** şu gün öýlän

**afterwards** soňra

**again** ýene

**age** ýaş

**ago** mundan ozal/öň

**agreement** ylalaşyk; **to sign an agreement** ylalaşyga gol çekmek

**agriculture** oba hojalygy; ekerançylyk

**agronomist** agronom

**aid** kömek; **humanitarian aid** ynsanperwerlik kömegi; **first aid** tiz kömek; **aid worker** ynsanperwerlik kömegi gullukçysy

**AIDS** SPID

**air** howa

**air conditioner** kondisioner; **air conditioning** kondisioner sistemasy

**air force** harby howa güýçleri

**airline** howa ýollary

**air mail** awiahat

**airplane** samolýot; uçar

**airport** aeroport; **airport tax** aeroport salgydy

**air raid** howa trewogasy

**alcohol** spirt; alkogol

**alcoholic** *substance* spirtli; alkogolly; **person** arakkeş; arakhor

**alcoholism** arakhorlyk

**alive** diri

**all** hemme; ähli; bary; **all together** hemmesi bile; bary bile

**allergic: I'm allergic to ...** ...-e allergiýam bar.

**allergy** allergiýa

**allow** rugsat etmek

**almost** diýen ýaly; **almost 400 manat** 400 manada golaý; **I almost died.** Men tas ölüpdim.

**alone** ýeke; ýalňyz

**alphabet** elipbiý

**already** eýýäm

**also** hem; şonuň ýaly-da

**alter** üýtgetmek

**although** bolsa hem

**always** hemişe; mydama

**a.m.** ir bilen

**ambassador** ilçi

**ambulance** tiz kömek maşyny

**ambush** *verb* bukudan çykyp hüjüm etmek

**America** Amerika

**American** amerikaly

**among** arasynda

**amount** mukdar; möçber

**amputation** (aýagy/goly/eli) kesmek

**analysis** analiz

**ancestor** ata-babalar

**ancient** gadym

**and** we; hem; -da/-de **both ... and** hem ... hem

**anemia** az ganlylyk

**anesthetic** narkoz

**anesthetist** anesteziolog

**angle** burç

**angry** gaharly; **to get angry** gaharyň gelmek; gaharlanmak

**animal** haýwan

**ankle** topuk

**annoyed: I am annoyed** Ýüregime düşdi. *or* Halys boldum.

**another** ýene bir beýleki

**answer** jogap

**ant** garynja

**antibiotic** antibiotik

**anti-freeze** antifriz

**anti-personnel mine** pyýada goşuna garşy mina

**antiseptic** antiseptik

**anti-vehicle mine** maşynlara (we tanklara) garşy mina

**anyone** kimdir biri; biri islendik adam

**anywhere** her bir ýerde; islendik ýerde

**apartment** kwartira; öý

**apartment block** jaý

**apologize: I apologize.** Günämi geçiň. *or* Ötünç soraýaryn

**apology** ötünç

**appear** peýda bolmak

**appendicitis** köriçege keseli

**apple** alma

**appliances** öý enjamlary

**approximately** takmynan

**apricot** erik; abrikos erigi

**April** aprel; Gurbansoltan (aýy)

**Arab** arap

**Arabic** *language* arapça; arap dili

**archeological remains/site** arheologiýa galyndylary

**archeology** arheologiýa

**architect** arhitektor

**architecture** arhitektura

**area** ýer; meýdan giňişlik; **area code** telefon kody

**arm** el; gol

**Armenia** Ermenistan

**Armenian** ermeni

**armored car** bronly maşyn

**arms dump** ýarag sklady/ ammary

**army** goşun

**arrange** tertibe salmak; tertipleş-dirmek

**arrest** tussag etmek

**arrivals** gelen samolýotlaryň raspisaniýesi

**arrive** gelmek

art sungat; senet

art gallery sungat sergisi

artery damar

article makala

artificial emeli; ýasalan; **artificial limb** protez

artillery artilleriýa

artist suratçy

as: as much näçe

ashamed: to be ashamed utanmak

ashtray küldan

ask soramak

aspirin aspirin

assassination haýynlyk bilen öldürmeklik; biriniň janyna kast etmeklik

assembly ýygnak; assembleýa

asthma demgysma

asthmatic demgysmaly

asylum pena; **to give asylum** pena bermek

at see page 12; **at least** hiç bolmanda azyndan; **at least ten** azyndan on

athlete sportçy

athletics sport

atlas atlas

attack noun hüjüm; verb hüjüm etmek

August awgust; Alp Arslan (aýy)

Australia Awstraliýa

Australian awstraliýaly

author awtor; ýazan adam

autonomous awtonom

autonomy awtonomiýa

auto supply store ätiýaçlyk şaýlar dükany

autumn güýz

average adjective orta

awake oýa

axe palta

Azerbaijan Azerbäjan

Azeri; Azerbaijani azerbaýjanly; language azerbaýjança

## B

baby çaga; bäbek

back adverb yzyna; noun bil; arka

backache bil agyrysy

backpack rýukzak; torba

backwards yzyna; tersine

bacteria bakteriýa

bad; badly erbet

bag sumka

baggage el goşy; **excess baggage** artyk goş; **baggage counter** el goşy saklanýan otag

bake duhowkada bişirmek

bakery çörek zawody

balcony balkon

Balkar Balkar

ball şar; top; pökgi

ballet balet

ballpoint şarikli ruçka

Baluchi buluç

Band-Aid leýkoplastyr

bandit bandit

bank bank; **river bank** derýanyň kenary; **bank note** banknot

banker bankir

banquet banket

bar bar

barbed wire tikenli sim

barber shop dellekhana

bark verb üýrmek

barley arpa

barn ammar

barracks kazarma

barrel barrel (oil)

barren boş ýatan (ýer)

bartender barmen

base esas; düýp

basement ýerzemin;podwal

basil reýhan

basin legen

basis esas

basket sebet

basketball basketbol

bathe suwa düşmek

ş = ship ý = yet

**bathroom** tualet; wanna otagy
**battery** batareýa; **car battery** akkumulýator
**battle** söweş; göreş; jeň
**bay** aýlag
**be** bolmak; *present tense not necessary in Turkmen:* **I am Turkmen.** Men türkmen.
**beach** deňiz ýakasy; plýаž
**beans** noýba
**bear** aýy
**beard** sakgal sakal
**beat** urmak; *in a game* utmak
**beautiful** owadan
**beauty** owadanlyk
**beauty parlor** aýallar dellekhanasy
**because** sebäbi; çünki; **because of** -dan/-den
**become** bolmak
**bed** krovat; düşek; **to go to bed** düşege geçmek; ýatmak
**bedroom** ýatylýаn otag
**bee** ary
**beef** sygyr eti
**beer** pivo
**beetroot** şugundyr
**before** -dan/-den öň
**begin** başlamak
**beginning** -yň/-iň başy
**behind** yzynda; -dan/-den soň
**believe** ynanmak
**bell** jaň
**below** aşagynda
**belt** guşak; kemer
**bend** *in road* ýoluň egrelýän ýeri; *verb* bükmek
**berry: blackberry** böwürslen; **mulberry** tudana; **raspberry** malina; **strawberry** ýer tudanasy
**beside** ýanynda
**besides** ondan hem başga
**best** iň gowy
**betray** satmak

**better** gowurak; **I feel better.** Gowulaşdym.
**between** arasynda
**Bible** injil
**bicycle** tiger; welsepit
**big** uly; beýik
**biggest** has uly; gaty uly
**bill** hasap
**binoculars** dürbi
**biography** terjimehal
**bird** guş
**birth** dogulma; **to give birth to** dogurmak; **birth certificate** dogluş şahadatnamasy; **birth control** dogma regulirleme (tabletkalary)
**bishop** ýepiskop
**bit: little bit** azajyk
**bite** dişlemek
**bitter** ajy
**black** gara
**black market** gara bazar
**blanket** adyýol; ýüň ýorgan
**bleed** ganamak
**blind** kör
**blizzard** syrgyn
**blocked: The toilet is blocked.** Tualet bitipdir.
**blood** gan; **blood group** gan gruppasy; **blood pressure** gan basyşy; **blood transfusion** gan goýberme
**blow** üflemek
**blow up** partlamak
**blue** gök; mawy
**board** *council* geňeş; maslahat
**boarding pass** müniş talony
**boat** gaýyk; gämi
**body** beden
**boil** *noun* çyban; *verb* gaýnatmak
**bomb** bomba; **bomb disposal** bombany zyýansyzlandyrmak
**bombardment** bombalama; bombalaýyş

**bomber** bombalaýjy samolýot

**bon appetit!** Işdäňiz açyk bolsun!; Noş bolun!

**bon voyage!** Sag-aman baryň!; Ýoluňyz ak bolsun!

**bone** süňk

**bonnet** of car kapot

**booby trap** gapan; mina gapany

**book** kitap

**bookshop** kitap dükany

**boot(s)** botinka; ädik; of car bagažnik; **soleless leather boots** mesi

**border** serhet; araçek; **border crossing** serhet punkty; **border guard** serhetçi

**born: Where were you born?** Siz nirede dogduňuz?; **I was born in ...** ...-da/-de dogdym

**borrow** karz almak

**boss** hojaýyn

**both** ikisi; **both... and** hem... hem

**bottle** çüýşe; **bottle of beer** bir çüýşe piwo; **bottle of water** bir çüýşe suw; **bottle of wine** bir çüýşe çakyr

**bottle-opener** çüýşe açýan

**bottom** düýp

**bowl** jam; tabak

**box** guty; gap

**boxing** boks

**boy** oglan

**boyfriend** gowy görşülýän oglan

**bracelet** bilezik

**brake** tormoz

**brandy** konýak

**brave** batyr; ýürekli; edermen

**bread** çörek; nan

**break** noun arakesme; verb döwmek; **Our car has broken down.** Maşynymyz döwüldi.

**breakfast** ertirlik nahar

**breast** göwüs

**breath** dem

**breather** dem almak

**breed** verb bakmak; ösdürip ýetişdirmek

**brick** kerpiç

**bridge** köpri

**bring** getirmek

**Britain** Britaniýa

**British** britaniýaly

**brooch** broshka; kiçi gülýaka

**brother** dogan; **younger brother** ini; **older brother** aga

**brown** goňur; **brown hair** sary saç

**bruise** verb gögertmek

**brush** noun çotga

**bucket** bedre

**Buddhism** budparazlyk

**Buddhist** Budparaz

**budget** býujet

**build** gurmak; salmak

**building** jaý; ymarat; bina

**bull** öküz; buga

**bullet** ok; seçme

**bumper** amortizator

**bureaucracy** süýrenjeňlik; kanselýariýaçylyk

**burn: by itself** ýanmak; to set fire to ýakmak

**burst** ýarylmak

**bury** gömmek

**bus** awtobus; **bus station** awtostansiýa; **bus stop** duralga

**business** iş; **business enterprise** firma; kompaniýa; **business class** biznes klas

**businessman; businesswoman** biznesmen

**busy: The line is busy.** işli

**but** ýöne

**butane canister** gaz balony

**butcher** gassap

**butterfly** kebelek

**buy** satyn almak

**by** see page 12.

# cabbage

## C

**cabbage** kelem
**cabinet** şkaf
**cable** kabel
**calculator** kalkulýator
**calf** *cow* göle
**call** çagyrmak; jaň etmek; **Call the police.** Milisiýa jaň ediň.; **What're you called?** Adyňyz näme? **I'm called Murat.** Adym Murat.
**camel** düýe
**camera** fotoapparat; **camera equipment** fotoapparat enjamlary
**camp: Can we camp here?** Şu taýda düşlesek bolarmy?
**camping** düşleme; kemping
**campsite** düşlenýän ýer
**campus** Uniwersitet şäherjigi
**can** *noun* tüňňür; maňka; *verb* -ip bilmek; **I can go.** Gidip bilerin.
**can opener** banka açýan
**Canada** Kanada
**Canadian** kanadaly
**canal** kanal; ýap
**cancel** goýbolsun etmek; **The plane is cancelled.** Reýs ýatyryldy.
**cancer** rak; erbet kesel
**candle** şem
**candlestick** şemdan
**candy** kemput
**canister** kanistr; tüňňür
**cannon** puşka; top
**capital** *city* paýtagt; *financial* maýa; sermaýa
**car** maşyn; **car papers** maşynyň dokumentleri; **car park** maşyn goýulan ýer; **car registration** maşyny bellige alyş; **car spares store** ätiýaçlyk /zapas magazini
**caravan** kerwen
**care** *noun* aladal; *verb* alada etmek; **I don't care.** Meniň üçin parhy ýok.
**careful** seresap
**cargo** ýük
**carpenter** agaç ussasy
**carpet** haly
**carrier bag** uly sumka
**carrot** käşir
**carry** daşamak; çekmek
**cart** araba
**carton** karton; **carton of cigarettes** bir karton çilim
**cashier** kassir; **cashier's booth** kassa
**casino** kazino
**Caspian Sea** Hazar deňzi
**cassette** kasseta
**castle** gala
**cat** pişik
**catch** tutmak
**caterpillar** gurçuk
**cathedral** sobor
**Catholic** katolik
**cattle** mal; haýwan
**Caucasus** Kawkaz; **Caucasus Mountains** Kawkaz daglary
**cause** sebäp
**cave** gowak
**caviar** işbil
**CD** sidi; **CD player** sidi pleýer
**ceasefire** uruş oduny bes etmek
**cellar** ýerzemin; ýerküme; podwal
**cemetery** gonamçylyk; mazarçylyk
**center** merkez orta
**century** asyr
**ceramics** keramika
**certain** belli bir haýsydyr bir
**certainly** elbetde; hökman; gürrüňsiz
**chain** zynjyr
**chair** stul; oturgyç
**champagne** şampan
**change** üýtgemek; çalyşmak; **I want to change some dollars.**

ç = *ch*urch     ž = a*z*ure     ň = si*ng*

Men dollar çalyşmakçy.

**channel** kanal
**chapter** bap
**character** häsiýet; *in book/film* gahryman
**charge: What is the charge?** Bahasy näçe? *or* Näden?; **Who is in charge?** Kim jogapkär?; **to charge electrically** zarýadlamak
**charity** *organization* haýyr-sahawat guramasy
**chase** kowalamak; yzarlap yzyndan kowmak
**cheap** arzan; **cheaper** -dan/-den arzan(rak)
**Chechen** çeçen
**Chechnya** Çeçenistan
**check** *money* çek; *verb* barlamak; **Could you please check that (bill) again?** Ýene bir gezek sanap görüň.; **Check the oil please.** Yagy barlap görüň.
**check-in** registrasiýa
**checkpoint** barlag punkty
**cheers!** Sag boluň!; Saglygyňyz üçin!
**cheese** peýnir
**chemical** himiki madda
**chemistry** himiýa
**chess** küşt
**chest** *of body* kükrek; *box* sandyk
**chew** çeýnemek
**chewing gum** sakgyç
**chicken** towuk
**chief** başlyk
**child** çaga
**children** çagalar
**chimney** tüsseçykar (turba)
**chin** eňek
**Chinese** hytaý(ly)
**chocolate** şokolad
**choir** hor
**choke** bogulmak; hopukmak;

**he/she is choking** bogulýar; bokurdagy dykyldy
**cholera** mergi
**choose** saýlamak
**chop** çapmak
**Christian** hristian
**Christianity** hristian dini
**Christmas** roždestwo
**church** ybadathana
**cigar** sigar
**cigarette(s)** çilim; **cigarette papers** çilim dolanýan kagyz
**cinema** kino(teatr)
**Circassian** çerkez
**circle** tegelek; töwerek
**circumcision** sünnet
**citizenship** raýatlyk
**citizen** raýat
**citrus** sitrus
**city** şäher; **city center** şäher merkezi; **city hall** şäher häkimligi; **city map** şäher kartasy
**civil rights** raýat hukuklary; raýatlyk hukugy
**civil war** raýatlyk urşy
**civilian** harby däl adam
**class** synp
**classical music** klassyky/nusgawy aýdym-saz
**clean** *adjective* arassa; **clean sheets** arassa prostyn; *verb* arassalamak
**clear** *adjective* açyk; *verb* arassalamak; **to clear mines** minadan arassalamak
**climate** klimat
**clinic** klinika; hassahana
**clock** sagat
**close** ýapmak; **What time does it close?** Haçan ýapylýar?
**closed** ýapyk
**clothes** eşik
**clothing store** geýim-gejim magazini
**cloud** bulut

# cloudy

**cloudy: It's cloudy.** Howa bulutly.
**clown** masgarabaz
**club** klub
**clutch** *of car* şepleniýe
**coal** daş kömür; **coal mine** kömür şahtasy
**coast** deňiz kenary
**coat** palto; **Turkmen coat** begres
**cockroach** saçakçy; tarakan
**code** kod; **international code** halkara kody
**coffee** kofe; **coffee with milk** süýtli kofe
**cognac** konýak
**coins** şaýy pul; şaýylyk
**cold** *adjective* sowuk; **cold water** sowuk/buz ýaly suw; **it is cold** howa sowuk; **I am cold** üşeýärin; *noun: medical* sowuklama; dümew; **I have a cold.** Sowuklapdyryn.
**colleague** işgär
**collective farm** kolhoz
**college** kollej; institut; universitet
**color** reňk; **color film** reňkli film
**colorless** reňksiz
**comb** darak
**combine harvester** kombaýn
**come** gelmek; **come in!** giriň!; giriberiň!
**comfortable** oňaýly; amatly
**commission** komissiýa; **What is the commission?** Näçe komissiýa alynýar?
**communications** aragatnaşyk
**communism** kommunizm
**Communist** kommunist
**community** obşina
**companion** şärik; işdeş; ýoldaş
**compare** deňeşdirmek
**compass** kompas
**compensation** öwezini dolma
**competition** ýaryş; bäsdeşlik

**complain** zeýrenmek; şikaýat etmek
**complaint** zeýrenç; şikaýat
**composer** kompozitor
**composition** kompozisiýa; saz eseri
**computer** kompýuter
**comrade** ýoldaş
**concentration camp** konslager
**concert** konsert; **concert hall** konsert zaly
**concussion** *medical* kontuziýa
**condition** ýagdaý
**condom** prezerwatiw
**conference** konferensiýa; maslahat; **conference hall/room** konferensiýa zaly
**confuse** garjaşdyrmak
**connection** aragatnaşyk; gatnaşyk; baglanyşyk
**conquer** ýeňmek
**constipated: I am constipated.** Içim gatapdyr.
**constitution** konstitusiýa; esasy kanun
**consulate** konsulhana
**consultant** konsultant
**consume** sarp etmek; sowmak
**contact lenses** kontaktly linza; **contact lens solution** kontaktly linza saklanýan ergin
**contact: I want to contact my embassy.** Ilçihanamyza jaň etmekçi
**contain** içine almak
**container** *freight* konteýner
**contemporary** häzirki zaman
**contest** ýaryş
**continue** dowam etmek
**contract** şertnama; ylalaşyk; geleşik
**control** dolandyrmak
**conversation** gürrüň; gepleşik
**convoy** konwoý
**cook** *noun* aşpez; *verb* bişirmek

ç = **ch**urch    ž = a**z**ure    ň = si**ng**

**cooker** plita
**cool** *air* salkyn; *drink* buz ýaly
**co-operation** hyzmatdaşlyk
**copper** mis
**copse** agaçlyk
**copy** *noun* nusga; *verb* nusga almak; *and see* **photocopy**
**coriander** koriandr
**cork stopper** dyky
**corkscrew** dyky açýan
**corn** mekgejöwen
**corner** burç; künjek
**correct** *adjective* dogry; *verb* düzetmek
**corruption** korrupsiýa; parahorluk
**cost** baha; nyrh; **How much does this cost?** Bu näçe manat?
**cotton** pagta; **cotton wool** pagta pamyk
**cough** üsgürmek
**council** geňeş
**count** *verb* sanamak
**counterfeit** galp; **This money is counterfeit.** Bu pul galp.
**country** döwlet; ýurt; **in the country** obalarda
**countryside** oba ýeri
**coup d'etat** döwlet agdarylyşygy
**courier** kurýer
**court** *law* kazyýet; sud
**courtyard** howly
**cow** sygyr
**craftsman** hünärment
**crane** *machine* kran; *bird* durna
**crash** awariýa; heläkçilik
**crazy** däli
**create** ýasamak; döretmek
**credit** kredit; karz; **credit card** kredit karty
**crime** jenaýat
**criminal** jenaýatçy
**crisis** krizis
**crops** ekin
**cross** *noun* haç; *verb* geçmek

**crossing** çatryk geçelge
**crossroads** ýoluň çatrygy
**crow** *bird* garga
**crude oil** nebit
**cruel** rehimsiz; ýowuz
**cry** *verb* aglamak
**crystal** hrustal
**cucumber** hyýar
**culture** medeniýet
**cumin** hindi tmini
**cup** çanak; käse; tabak; kürüşge; **handleless teacup** käse; pyýala
**cupboard** şkaf
**cure** *noun* em; bejergi; *verb* bejermek
**currency** pul
**custom** *tradition* däp; **customs** *border* gümrükhana
**cut** kesmek; **The lines have been cut.** Simler kesilipdir.; **I've been cut off.** Telefon simi üzülipdir.; **The electricity has been cut off.** Tok kesilipdir.; **The gas has been cut off.** Gaz kesilipdir.; **The heating has been cut off.** Ýyly suw kesilipdir.; **The water has been cut off.** Suw kesilipdir.

# D

**dagger** hanjar
**Daghestan** Dagystan
**Daghestani** dagystanly
**dairy farm** süýt fermasy
**dam** bent; gaçy
**dance** *noun* tans; *verb* tans etmek
**danger** howp
**Danish** daniýaly
**dark** *adjective* tüm-garaňky; garaňky
**darkness** *noun* garaňkylyk; tümlük

**date** sene; gün; *fruit* hurma; **What date is it today?** Su gün aýyň näçesi?; **date of arrival** geliş wagty; **date of birth** dogan güni; **date of departure** gidiş wagty

**daughter** gyz

**dawn** *noun* daň

**day** gün

**daytime** gündiz

**dead** öli

**deaf** ker

**dear** *loved* eziz

**death** ölüm

**debt** bergi; karz

**decade** on ýyl

**December** dekabr; Bitaraplyk (aýy)

**decide** karara gelmek

**decision** karar

**deep** çuň çuňňur; düýpli; **deep water platform** çuň suwdaky platforma

**deer** sugun

**defeat** *verb* ýeňmek

**defend** goramak

**delay** gijä galmak; **The plane is delayed.** Uçar gijä galýar.

**democracy** demokratiýa

**democratic** demokratik

**demonstration** *political* demonstrasiýa

**demonstrators** *political* demonstrantlar

**dentist** diş doktory

**deodorant** dezodorant

**department store** uly magazin

**departures** giden samolýotlaryň raspisaniýesi

**depend: it depends** -a/-e bagly

**deport** ýurtdan çykarmak

**deportation** deportasiýa

**depot** sklad

**deprive** mahrum etmek

**derivative** *noun* ýasama

**derrick** wyşka

**describe** beýan etmek; düşündirmek

**desert** *noun* çöl

**desert** *verb* taşlap gitmek

**desire** *verb* islemek; arzuw etmek

**desk** stol

**dessert** nazy-nygmat; süýji zatlar

**destroy** syndyrmak; weýran etmek

**detergent** kir ýuwulýan poroşok

**development** ösüş

**devil** şeýtan

**diabetes** gant keseli

**diabetic** gant keselli

**diagnosis** diagnoz; anyklaýyş barlagy

**dial** *verb* pyntyklamak

**dialect** dialekt; şiwe

**dialing code** kod; şifr

**diarrhea** içgeçme

**dictator** diktator

**dictatorship** diktatura

**dictionary** sözlük

**die** ölmek

**diesel** dizel

**diet** berhiz

**different** başga; aýry; üýtgeşik

**difficult** kyn

**dig** gazmak

**digital** digital

**dill** ukrop; şibit

**dine** nahar iýmek

**dining car** wagon-restoran

**dining room** naharhana

**dinner** (agşamlyk) nahar

**diplomat** diplomat

**diplomatic ties** diplomatik aragatnaşyk

**direct** dogry; göni; **Can I dial direct?** Göni jaň edip bolarmy?

**directions** görkezme gözükdiriji; **Can you give me directions?** Salgy berip bilermisiňiz?

directory adres kitaby
dirty hapa; kirli
disabled maýyp
disaster heläkçilik; **natural disaster** tebygy heläkçilik
disco diskoteka
discover tapmak
discuss hakynda gürrüň etmek; ara alyp maslahatlaşmak
discussion gürrüň; çekişme
disease kesel; hassalyk
Displaced Person ýurdundan zorluk bilen göçürilen
dispute çekişme; jedel; dawa
dissolve ýatyrmak; dargamak
distant daşdaşgyn
district etrap
ditch ýap; ganaw
diver guwwas
divide bölmek; paýlamak
divorced: **to get divorced** aýrylyşmak
dizzy: **I feel dizzy.** Başym aýlanýar.
do etmek
doctor doktor; lukman
dock pristan
document dokument; resmi-nama
documentary film dokumental film
dog it; güjük
doll gurjak
dollar dollar
dome gümmez
donkey eşek
door gapy; işik
doorlock gulp
double jübüt; goşa; **double bed** iki adamlyk krowat; **double room** iki adamlyk otag
doubt şübhelenmek
dove kepderi
down aşak
drag süýremek; dartmak
drain suwakar

draw (surat) çekmek
drawer çeker
dream noun düýş
dress noun aýal köýnegi; **to get dressed** geýinmek
dressmaker tikimçi
drill noun buraw; **to drill a well** guýy gazmak/burawlamak
drilling burawlaýyş
drink noun içgi; verb içmek
drinking water süýji (içilýän) suw
drive sürmek
driver sürüji
driver's license sürüjilik şahadatnamasy
drug derman; narcotic narkotik; neşe; **drug addict** narkoman; neşekeş
drum deprek
drunk serhoş; içgili; pýan
duck ördek
during dowamynda; içinde
Dutch gollandiýaly
duty: **customs duty** nesýe
dwell ýaşamak
dynamo dinamo

# E

each her bir; **each other** biri beýlekisini; biri-birini
eagle bürgüt
ear gulak
early irden
earrings gulakhalka
earth ýer
earthquake ýer titremesi; ýer ýranmasy
east gündogar
easy aňsat
eat iýmek
economics ykdysadyýet
economist ykdysatçy
economy saving tygşytlylyk; of country hojalyk; ykdysat

# editor

editor redaktor
education bilim; okuw
egg ýumurtga
eight sekiz
eighteen on sekiz
eighty segsen
elbow tirsek
elder *noun* ýaşuly
elect saýlamak
election saýlaw
electrical goods store elektrik enjamlary magazini
electricity tok; elektrik güýji
elevator lift
eleven on bir
e-mail elektron poçta; e-mail; **e-mail address** elektron poçta adresi
embassy ilçihana
emergency awariýa; heläkçilik; **emergency exit** awariýa ýagdaýynda çykalga
empty *adjective* boş; *verb* boşatmak
enamel syrça; emal
end *noun* soňy; *verb* gutarmak; tamamlamak
enemy duşman
engine motor
engineer inžener
England Angliýa
English *people/things* iňlis; *language* iňlisçe; iňlis dili
enough ýeterlik That's enough, thanks. Besdir!; Şolar ýeterlik!; Sag boluň!; Boldy!
enquiry barlag
enter girmek
enterprise kärhana; edara
entire bütin; ähli
entrance girelge
envelope bukja; konwert
environment daş-töwerek
epidemic epidemiýa
epilepsy tutgaý; garaguş
epileptic garaguş agyryly

equipment enjam
-er/-est ...-dan/-den; iň ...; **better** ...-dan/-den gowy; **best** iň gowy
era eýýäm
eraser bozguç; pozguç
escalator eskalator
escape gaçyp gitmek; gutulmak
especially aýratyn
essay oçerk
establish döretmek; guramak
ethnic cleansing etnik arassalaýyş
etiquette edep;etiket
Europe Ýewropa
European *adjective* ýewropaly
European Union Ýewropa birligi
evening agşam; **good evening!** giç ýagşy!; salam!
every her (bir); **every day** her gün
everybody; everyone her kim; hemme kişi; her bir adam/kişi
everything her bir zat
evidence subut
exact takyk; anyk berk
exam synag; ekzamen
examine barlamak
example mysal; **for example** meselem
excellent örän gowy; juda oňat
except (for) -dan/-den başga
excess artyk; çenden çykma
exchange çalşyrmak
exchange rate: What's the exchange rate? Näçeden çalşylýar?
excluded içine girenok; aýry
excuse *noun* bahana; **excuse me!** bagyşlaň!; bilmändirin!
execute ölüm jezasyny bermek
execution ölüm jezasy
executioner jellat
exercise türgenleşik; maşk
exhaust *of car* işlenen gaz

ç = **ch**urch    ž = a**z**ure    ň = si**ng**

**74 · Turkmen Dictionary & Phrasebook**

çykýan turba

**exhibit** *verb* görkezmek sergä çykarmak

**exhibition** sergi

**exile** sürgün etmek

**exit** çykalga

**expect** garaşmak; tama etmek

**expel** çykarmak

**expensive** gymmat

**explain** düşündirmek

**explanation** jogap; düşündiriş

**explode** ýarylmak; partlamak

**exploration** gözleg

**explosion** partlama; ýarylma

**explosives** partlaýjy maddalar

**export** *noun* eksport; *verb* eksport etmek

**express** *fast* gyssagly; ekspress; *verb* aňlatmak

**extend** uzaltmak

**extra** artykmaç; **an extra blanket** zapas odeýal

**eye** göz

**eyeglasses** äýnek

**eyesight: My eyesight is good.** Gözüm gowy görýär.; **My eyesight is bad** Gözüm gowy görenok.

# F

**face** ýüz

**fact** fakt

**factory** fabrik; zawod

**failure** şowsuzlyk

**fall** *autumn* güýz; *verb* ýykylmak

**fallowland** boş meýdan/ýer

**false** nädogry

**family** maşgala

**famous** belli; meşhur

**fan** wentilýator

**fan belt** wentilýatoryň çekisi

**far** daş; **How far is the next village?** Indiki oba daşmy?

**fare: What is the fare?** Ýol haky

näçe?

**farm** ferma; daýhan hojalygy

**farmer** fermer; daýhan

**farming** ekerançylyk

**Farsi** pars dili; parsça

**fashion** *clothes, etc* moda; *way* usul

**fast** *quick* tiz; *verb* **I am fasting.** Agyz bekleýärin.

**fat** *adjective* semiz; **to get fat** semremek; *noun* ýag

**father** kaka

**faucet** suw krany; grant

**fax** faks; **fax machine** faks apparaty

**fear** *noun* gorky; *verb* gorkmak

**February** fewral; Baýdak (aýy)

**federation** federasiýa

**feeding station** iýmit berilýän nokat

**feel** duýmak

**feeling** duýgy

**female** aýal; *animal* urkaçy haýwan

**fence** haýat; aýmança

**fender** krylo

**ferret** parawuz; jähek

**ferry** parom

**fertile** mes; hasylly

**fertilizer** dökün

**feud** dawa; jenjel

**fever** gyzzyrma; ysytma; **He has a fever.** Gyzgyny bar.

**field** meýdan

**fifteen** on bäş

**fifty** elli

**fight** söweş uruş

**fighter** urşujy

**file** *paper* kartoteka; *computer* faýl

**fill** doldurmak; **to fill in** *a form* doldurmak

**film** *movie* kino; *for camera* plýonka

**film-maker** (kino)režissýor

**filtered** filtrlenen

ş = ship          ý = yet

**filterless** filtrsiz
**final** *adjective* soňky; *noun: test* soňky synag
**finance** maliýe
**find** tapmak; **to find out** bilmek; anygyna ýetmek
**fine** *good* gowy; ajaýyp; *little* ownuk; uşak; *adverb* gowy; *noun: of money* jerime
**finger** barmak
**finish** *verb* gutarmak; tamamlanmak
**fire** ot
**firewood** odun
**first** birinji; ilkinji
**first class** birinji klas; sort
**fish** balyk
**fishing** balyk tutmak
**five** bäş
**fix** bejermek; remont etmek
**flash** ýalpyldy
**flashlight** panys
**flea** büre
**flee** gaçmak gaça durmak
**flight** *plane* reýs; **flight number** reýs nomeri
**flint** çakmak daşy
**floating** suwda ýüzýän
**flock** süri; topar
**flood** sil; *ground* ýer; *story* gat; etaž
**florist** gül satyjy; gülçi
**flour** un
**flower** gül
**flu** dümew
**flush: The toilet won't flush.** Tualet işlänok.
**fly** *noun* siňek; *verb* uçmak
**fog** ümür; duman
**foggy** dumanly
**folk** halk; **folk dancing** halk tansy; **folk music** halk aýdym-sazy
**folklore** folklor; halk döredijiligi
**food** nahar
**fool** *noun* samsyk; tentek;

akmak; *verb* samsyklamak allamak
**foot** aýak; *measurement* fut
**football** futbol
**foothills** dag etekleri
**footpath** pyýada ýol; ýoda
**forbid** gadagan etmek
**forbidden** gadagan
**foreign** daşary ýurtdan gelen
**foreigner** daşary ýurtly
**forest** tokaý
**forget** ýatdan çykarmak
**fork** wilka
**form** *shape* şekil; forma; *official blank*; *verb* düzmek; döretmek
**fort** gala
**fortnight** iki hepde
**forty** kyrk
**forum** forum
**forward** *adjective* öň; *verb* ugratmaktizleşdirmek
**forwards** öňe
**found** *verb* döretmek; esaslandyrmak
**foundation** *organization* gurama
**four** dört
**fourteen** on dört
**fourth** dördünji
**fracture** *noun* döwük; jaýryk; *verb* döwmek
**franc** frank
**free** erkin; azat; garaşsyz; **Is this seat free?** Şu ýeri boşmy?
**free of charge** mugt
**freedom** azatlyk; erkinlik
**freeze** doňmak gatamak
**freight** *noun* ýük; *verb* ýüklemek
**French** *person* fransuz; *language* fransuzça; fransuz dili
**french fries** salomka
**fresh** ter
**Friday** anna; bäşinji gün
**fridge** xolodilnik
**friend** dost

**frighten** gorkuzmak

**frog** gurbaga

**from** -dan/-den; **from Ashgabat** Aşgabatdan

**front** *noun* öň; **in front of** öňünde

**frontier** araçäk; serhet

**frost** gyraw

**frostbite** sowuk urmak

**frostbitten hands/feet** sowuk uran el/aýak

**fruit** miwe; **fruit juice** sok; miwe suwy

**fuel** ýangyç; **fuel dump** ýangyç bazasy

**full** doly; **full moon** dolan aý; **I am full up!** Men dok!

**funeral** jaýlama; jynaza durma

**funny** gülkünç; gülküli

**furniture** mebel

**future** geljek

# G

**gallon** gallon

**game** oýun; matç

**gangrene** gangrena

**gangster** mafiozi

**garage** garaž

**garden** bag

**garbage** hapa; musor; zir- zibil

**garlic** sarymsak

**garrison** garnizon

**gas** gaz; **gas petrol** benzin; **gas bottle** gaz balony; **gas field** gaz ýatagy; **gas production** gaz çykarylyşy; **gas well** gaz skwažinasy

**gate** gapy; derweze

**gear** peredaça; geçiriji

**general** *adjective* umumy; ählumumy; *noun* general

**genitals** jyns agzalary

**genocide** genosid

**geologist** geolog

**Georgia** Gruziýa

**Georgian** *person* gruzin; *language* gruzinçe

**German** *person* nemis; *language* nemisçe

**Germany** Germaniýa

**germs** mikrob

**get** almak; **to get up** turmak

**giant** ägirt uly

**gift** sowgat; peşgeş

**girl** gyz

**girlfriend** gowy görýän gyz...

**give** bermek; **Give me ...** Maňa ... beriň; **to give birth** dogurmak

**Gipsy** sigan

**glass** *substance* aýna; **drinking glass** stakan; **glass of water** bir stakan suw

**glasses** äýnek

**gloves** ellik

**go** gitmek; barmak; **go!** gidiň!; **let's go!** gitdik!; **go out** çykmak; **go to bed** ýatmak; düşege geçmek

**goal** *aim* maksat; *football* gol

**goat** geçi

**God** Hudaý; **God willing!** nesip bolsa!

**gold** altyn; tylla; gyzyl

**golf** golf

**good** gowy; oňat; **good for you!** tüweleme!

**good bye!** sag boluň!

**good luck!** Işiň ilerik!

**goose** gaz

**government** hökümet

**grain** galla; däne

**gram** gram

**grammar** grammatika

**grandchild** agtyk

**grandfather** ata; baba

**grandmother** ene; mama

**grape** üzüm

**grass** ot

**grateful: I am grateful.** Men minnetdar.

**grave** *adjective* wajyp; *noun* gonam; mazar
**gravel** çagyl
**great** beýik
**greatest** iň beýik
**Greek** *person* grek; *language* grek dili
**green** ýaşyl; gök
**greengrocer** gök satyjy
**grenade** granat
**grind** üwemek
**ground meat** üwelen et; farş
**group** topar
**grow** ösmek; **to grow crops** ekmek; ýetişdirmek; **to grow up** ösmek
**guard** *noun* garawul; **border guard** serhetçi; *verb* goramak
**guerrilla** partizan
**guest** myhman; **guest speaker** myhman orator
**guesthouse** myhmanhana
**guide** *noun* gid; ýolbelet; *verb* ýanyňa alyp aýlamak; gezdirmek
**guidebook** salgy beriş kitaby; sprawoçnik
**gum** şepbik; **chewing gum** sakgyç
**gun** tüpeň
**gunpowder** däri
**gynecologist** ginekolog; aýal dogtory

# H

**hair** *on head* saç; *body* tüý; gyl
**hairbrush** saç çotkasy
**haircut** priçýoska; **I want a haircut please.** Saçymy gysgaltmakçy
**hairdresser** aýallar dellegi
**hairdryer** fen
**half** ýarym ýary
**hamburger** gamburger farsh

**hammer** çekiç
**hand** el; **hand over** tabşyrmak
**handbag** sumka
**handicraft** senetçilik; el işi
**handle** tutawaç; sap
**handset** trubka
**hang** asmak
**hangar** angar
**hangover** içgi melullygy
**happen** bir zat bolmak; bolup geçmek
**happy** şat; şadyýan
**harbor** gawan; gämi duralgasy
**hard** *not soft* gaty; *difficult* kyn
**hardware store** hojalyk harytlary magazini
**harmful** zyýanly
**harvest** orak hasyl ýygymy
**hat** şlýapa; telpek
**hate** ýigrenmek
**have: I have two cars.** Iki maşynym bar.; **I don't have time.** Wagtym ýok.
**have to** *verb plus* -meli/-maly; **I have to go.** Men gitmeli.
**hay** bede
**haystack** bir küde bede
**he** ol
**head** kelle; baş; *boss* başlyk; **head of state** döwlet baştutany
**headache** kelle agyrsy; **I have a headache.** Kelläm agyrýar.
**headquarters** ştab; karargäh
**headscarf** ýaglyk
**heal** düzelmek; gowulanmak; *to treat* bejermek
**health** saglyk
**healthcare** saglygy goraýyş
**healthy** sagdyn
**hear** eşitmek
**heart** ýürek; **heart attack** infarkt; **heart condition** ejiz ýüreklilik
**heat** *noun* yssy gyzgyn; *verb*

ç = church    ž = azure    ň = sing

gyzdyrmak

**heating** otopleniýe; ýyladyş; **heating coil** kipýatilnik

**heat wave** tomsuň örküji

**heaven** uçmah; jennet

**heavy** agyr

**helicopter** wertolýot; dikuçar

**hell** dowzah; tamy; jähennem

**hello!** Salam!; *to which the reply is* Salam.

**help** *noun* kömek; ýardam; *verb* kömek; bermek; **Can you help me?** Maňa kömek berip bilersiňizmi?; **help!** dat-bidat!; kömek ediň!; ýetişe-weriň!

**hen** towuk

**hepatitis** gepatit; sary getirme; bagyr çişmesi

**her** ony (oňa; onuň; etc.)

**herb** derman ot

**herd** süri

**here** şu taý(da)

**here is/are** ynha; bar

**hero** gahryman

**hers** onuňky

**herself** özi; özüni; özüne

**hide** gizlemek; bukmak

**high** beýik; **high blood pressure** ýokary gan basyşy

**hill** depe; beýik

**him** ony (oňa; onuň; etc.)

**himself** özi; özüni; özüne

**Hindu** hindi

**Hinduism** induizm

**hire** hakyna almak; tutmak

**his** onuň

**historian** taryhçy

**history** taryh

**hit** urmak; kakmak; **to hit a mine** minany basmak

**hold** tutmak

**hole** deşik

**holiday** baýram

**homeland** watan

**homeless** öýsüz

**honey** bal

**hood of car** kapot

**hook** kilit; gaňyrçak

**horse** at; **horse racing** at çapyşygy; **horse riding** ata münmek

**hose** şlanga

**hospital** keselhana; hassahana

**host** hojaýyn; öý eýesi

**hostage** zamun alnan adam; girew

**hostel** myhmanhana

**hot** yssy; gyzgyn; *spicy* ajy; **hot water** gyzgyn suw

**hotel** myhmanhana

**hour** sagat

**house** öý; jaý

**housing estate/project** kwartal

**how?** nädip?; näçe? nähili?; **how are you?** ýagdaýyňyz nähili?; **how far?** ara daşlygy näçe?; **how many/much?** Näçe?

**however** ýöne; emma

**human** ynsan... adam; **human rights** adam hukuklary

**humanitarian** ynsanperwerlik; **humanitarian aid** ynsanper-werlik kömegi

**humor** degişme; ýomak

**humorous** gülküli

**hundred** ýüz

**hungry: I'm hungry** ajykdym

**hunt** aw awlamak

**hurry** howlukmak; **I'm in a hurry.** Howlugýaryn.; **Hurry up!** Basymrak boluň!

**hurt: Where does it hurt?** Niräňiz agyrýar?; **It hurts here.** şu taýym agyrýar.

**husband** adam; **my husband** adamym; **her husband** adamsy

**hygiene** gigiena; arassaçylyk

# I

I men
ice buz
ice ax alpinist paltasy
ice cream doňdurma; doňgaý-
mak; moroženoe
I.D.: Do you have any I.D.?
Dokumentiňiz barmy?
idea pikir
identification see I.D.
if verb plus -sa/-se; if possible
mümkin bolsa
ill: I am ill. Ýaramok. or Men
keselli.
illegal bikanun; gadagan
illness ýarawsyzlyk; kesel
image surat
imam ymam
immigrant immigrant
immigration immigrasiýa
import verb import etmek
importance ähmiýet
important möhüm
impossible bolanok; mümkin
däl
improve gowulanmak
in -da/-de; -içinde; in front of
öňünde
included öz içine alýar
independence garaşsyzlyk
independent garaşsyz; indepen-
dent state garaşsyz döwlet
India Hindistan
Indian hindi
indicator light indikator çyrasy
indigestion iýeniň siňmezligi; I
have indigestion. Aşgazanym
agyrýar.
industry senagat
infant bäbek; çaga
infection infeksiýa
influenza grip; dümew
information maglumat; infor-
mation office salgy beriş
edarasy
Ingush inguş

injure agyrtmak; ýaralamak
injured ýaralanan
injury ýara; ýaralama
ink syýa
inner-tube balon
innocent bigünä
insane däli
inscription ýazgy
insect mör-möjek
insecticide (mör-möjek öldür-
ýän) derman
instead deregine
institute institut
insurance strahowaniýe; insu-
rance policy strahowaniýe;
ätiýaçlandyrma; I have insu-
rance. Strahowaniýäm bar.
insured: My possessions are
insured. Zatlarym strahowa-
niýe edilen.
intention niýet
interested: be interested in -a/-e
gyzyklanmak
interesting gyzykly
interior içki; içeri; içerki
internal flight içki (Türkmen-
istanyň içinde; şäherara) reýs
Internally Displaced Person öz
döwletiniň içinde sürgün
edilen ýa da gaçgak bolan
adam
international code halkara kody
international flight halkara reýsi
international operator halkara
telegrafist
Internet internet
interpreter dilmaç
interval ara; aralyk
interview interwýu
into -içine
introduce tanyşdyrmak
Introduction sözbaşy
invade zabt etmek; basyp almak
invasion çozma; çozuş
invention oýlap tapylan täze zat
inventor oýlap tapyjy

ç = church    ž = azure    ň = sing

# knowledge

**investigate** barlamak; derñemek
**investigation** barlag; derñew
**invitation** çakylyk haty
**invite** çagyrmak
**Iran** Eýran
**Iranian** eýranly
**Ireland** Irlandiýa
**Irish** irlandiýaly
**iron** demir; *for clothes* ütük
**Islam** Yslam
**Israel** Ysraýyl
**it** ol; o
**Italian** *person* italiýan; *language* italýança; italýan dili
**Italy** Italiýa
**itch** giji
**its** onuň; onuňky
**itself** özi; öžüni; özüne

# J

**jack** *of car* domkrat; götergiç
**jacket** kostýum
**January** ýanwar; Türkmenbaşy (aýy)
**Japan** Ýaponiýa
**Japanese** *person* ýapon; *language* ýaponça; ýapon dili
**jaw** eňek
**jazz** jaz
**jeans** jinsi balak
**Jew; Jewish** ýewreý; musaýy; ýahudy
**jewelry** şaý-sep
**job** iş
**joke** degişme; anekdot; ýomak; **to joke** degişmek; **no joke! seriously!** degişme däl!; çyndan!
**journalist** žurnalist
**Judaism** ýewreý dini; Musaýy dini
**judge** kazy
**July** iýul; Gorkut (aýy)
**jump leads/cable** maşyny otlamak üçin iki akkumulýator

birleşdirýän simler
**jump-start: Can you jump-start the car?** Maşyny otlap bilersiňizmi?
**June** iýun; Oguz (aýy)
**just** diňe
**justice** adalat

# K

**Kabul** Kabul
**Kalmuk** galmyk
**Karachai** garaçaý
**Kazakh** gazak
**kebab** çişlik; kebap
**keep** alyp galmak; saklamak
**ketchup** ketçup
**kettle** çäýnek
**key** açar
**kidnap** (adam/çaga) ogurlamak
**kidnapper** (adam/aýratyn-da çaga) ogurlaýan kişi
**kidney** böwrek
**kilim** palas/kilim
**kill** öldürmek
**killer** adam öldürýän ganhor
**kilogram** kilo; kile
**kilometer** kilometr
**kind** *adjective* rehimli; ak ýürekli; *noun* tüýs; **all kinds** her tüýsli; **what kind?** Nähili?
**king** patyşa; korol
**kiosk** kiosk
**kiss** öpmek; ogşamak
**kitchen** aşhana; kuhnýa
**knee** dyz
**kneel** dyza çökmek
**knife** pyçak
**knock** kakmak
**know** *things* bilmek; *people* tanamak; **I know.** Bilýärin.; **I don't know.** Bilemok.; **Do you know him/her?** Ony tanaýarsyňyzmy?
**knowledge** bilim; sowat

ş = *ship*        ý = *yet*

**Turkmen Dictionary & Phrasebook · 81**

# known

**known** mälim; belli **well-known** meşhur; belli
**kolkhoz** kolhoz
**Koran** Gurhan
**Kurd** kürt
**Kyrgyz** gyrgyz

# L

**laboratory** laboratoriýa
**ladder** merdiwan
**lake** köl
**lamb** guzy; *meat* goýun eti
**lamp** lampa; çyra
**land** ýer
**landing strip** gonulýan zolak; aerodrom
**landslide** ýeriň opurylmagy
**language** dil
**lap** syý
**laptop computer** laptop kompýuter
**large** uly
**larger** -dan/-den uly
**last** *adjective* soňky; *verb* wagta çekmek; dowam etmek çydamak
**late** giç; **to be late** gijä galmak
**laugh** *verb* gülmek
**laundry** kir ýuwulýan ýer; **laundry service** kir ýuwmak hyzmaty
**law** kanun; **law court** kazyýet
**lawn** gazon
**lawyer** aklawçy
**lay** goýmak; **to lay mines** mina goýmak
**lazy** ýalta
**lead** *noun* gurşun
**lead** *verb* ýöretmek; alyp barmak
**leader** lider; serdar; baştutan
**leaf** ýaprak
**leak** suw durmazlyk; syzmak
**lean** egilmek

**leap** bökmek; towusmak
**learn** öwrenmek
**leather** işlenen deri; gön; gaýyş
**leave** gitmek; çykyp gitmek terk etmek; **to leave behind** galdyrmak
**lecture** leksiýa
**left** çep
**left-wing** çepçi
**leg** aýak
**legal** kanuny
**legend** rowaýat
**lemon** limon
**lend** karz bermek
**lengthen** uzaltmak
**lens** linza; **contact lenses** kontaktly linza
**less** -dan/-den az; azrak
**lesson** sapak
**letter** hat
**lettuce** salat
**level** *adjective* tekiz; düz; *noun* dereje
**lever** ryçag
**liberation** azatlyk
**library** kitaphana
**lie** *noun* ýalan; **to lie down** ýatmak
**life** durmuş; ömür; ýaşaýyş
**lift** *elevator* lift; *verb* galdyrmak
**light** *adjective: not dark* açyk reňk; *not heavy* ýeňil; *noun* çyra, **Do you have a light?** Otluçöp barmy?; *verb* ýakmak; **May we light a fire?** Ot ýaksak bolarmy?; **light bulb** lampa; **light meter** tok ölçeýji
**lighter** zajigalka; çakmak
**lighting** çyralar
**lightning** ýyldyrym
**like** *preposition* meňzeş; ýaly; **like that** şunuň ýaly; şeýle; *verb* gowy görmek; halamak; söýmek; **I like/love** halaýaryn; gowy görýärin; **I don't**

# matches

**like/love** halamok; gowy göremok
**likely** mümkin; bolar ýaly
**limbs** el-aýak
**lime** *fruit* limetta
**limit** çäk; bellenen möçber
**line** çyzyk
**linguist** lingwist; dilçi
**linguistics** lingwistika
**lip** dodak
**lipstick** pomada
**list** sanaw; spisok
**listen** diňlemek
**liter** litr
**literature** edebiýat
**little** kiçijik; **a little bit** azajyk
**live** ýaşamak
**liver** bagyr
**lizard** hažžyk; suwulgan
**local** ýerli
**location** taý; ýer
**lock** gulp
**locomotive** parovoz
**long** uzyn
**look** seretmek; **to look for** gözlemek
**loose change** şaýy; köpük
**lose** *a thing* ýitirmek; *a game* utdurmak; **I have lost my key.** Açarymy ýitirdim; **to be lost** azaşmak
**lot: a lot** kän; köp
**loud** güýçli; çasly
**loudly** güýçli ses bilen
**louse** bit
**love** *noun* söýgi; *verb* söýmek
**low** pes; aşak; **low blood pressure** gipotoniýa; gan basyşy aşak
**L.P.** plastinka
**luck: Good luck!** Işiňiz şowly bolsun!
**lunch** *noun* günortanlyk nahar; *verb* günortanlyk edinmek
**lung** öýken

## M

**machine** maşyn
**machine gun** pulemýot; awtomat
**mad** *see* **insane**
**madrasa** medrese
**mafia** mafia
**magazine** žurnal
**magnetic** magnitli
**magpie** alahekik
**mail** poçta
**mailbox** poçta ýaşşigi
**main** esasy; baş; **main square** meýdan; ploşşad; seýilgäh
**maintain** saklamak
**maize** mekgejöwen
**majority** köpüsi
**make** etmek
**make-up** grim; kosmetika
**male** erkek
**mammal** süýt emdiriji
**man** adam; erkek adam
**manager** ýolbaşçy; direktor
**manual** *book* gollanma
**manual worker** işçi
**many** köp; **too many** has köp; **how many?** näçe?
**map** karta; **map of Ashgabat** Aşgabadyň kartasy
**March** mart; Nowruz (aýy)
**mare** baýtal
**marital status** nikalylyk durumy
**mark** belgi
**market** bazar
**marry** *a woman* durmuşa çykmak; *a man* öýlenmek
**married:** *said by a woman* durmuşa çykan; *said by a man* öýlenen; aýally
**marsh** batga
**martyr** gurban
**massacre** gyrgynçylyk
**match** *football* futbol matçy
**matches** otluçöp

ş = *sh*ip    ý = *y*et
**Turkmen Dictionary & Phrasebook · 83**

# material

material material; *cloth* mata
mathematics matematika
matter: **It doesn't matter.**
  Zyýany ýok.
mattress düşekçe; matras
mausoleum mawzoleý; gümmez
may: **may I?** mümkinmi?;
  bolarmy?
May maý; Magtymguly (aýy)
maybe mümkin
me meni (maňa; menden, *etc*)
meal nahar; nahar iýilýän wagt
mean *verb* çynyň bilen aýtmak;
  aňlatmak; **What does this
  mean?** Şunuň manysy näme?;
  **What do you mean?** Şunuň
  bilen siz näme diýmekçi?
meaning many
measure *verb* ölçemek
meat et
mechanic mehanik; ussa
media habar beriş serişdeleri
medical medisina; **medical
  insurance** saglyk strahowa-
  niýesy
medication bejeriş
medicine medisina; lukman-
  çylyk derman
meet duşuşmak
meeting duşuşyk
melon gawun
member agza
memory ýat; hakyda
menthol narpyzly
menu menýu
mercenary hakyna tutulan esger
message habar; hat
metal metal; demir
meter metr
metro metro
microscope mikroskop
middle orta; **middle name** ikinji
  ady
midnight ýarygije
midsummer tomsuň ortasy
midwife akuşerka

midwinter gyşyň örküji
mild: **mild winter** maýyl gyş
mile mil
military harby
milk süýt
mill degirmen
millet dary
million million
minaret minara
mine *adjective* meniňki; *noun:
  mineral* kän; şahta; *explosive*
  mina; **mine detector** mina
  detektory; **mine disposal**
  minalary zyýansyzlandyrmak
minefield minalanan meýdan
miner şahtaçy
mineral mineral; **mineral water**
  mineral suw
minister ministr
ministry ministrlik; **Ministry of
  Agriculture** Oba hojalyk
  ministrligi; **Ministry of
  Defense** Goranmak ministr-
  ligi; **Ministry of Education**
  Bilim ministrligi; **Ministry of
  Foreign Affairs** Daşary işler
  ministrligi; **Ministry of
  Health** Saglygy goraýyş we
  derman senagaty ministrligi;
  **Ministry of Home Affairs**
  Içeri işler ministrligi; **Ministry
  of Justice** Adalat ministrligi
minority azlyk; **ethnic minority**
  azlyk millet
minute minut
miracle gudrat
mirror aýna
missile raketa
mist duman; tot-tozan
mistake ýalňyş; **to make a
  mistake** ýalňyşmak
misty dumanly
misunderstand ýalňyş düşün-
  mek
mobile phone ykjam telefon;
  jübi telefony

model model
modem modem
modern häzirki (zaman)
moment pursat; ýaňýja; **Wait a moment.** Azajyk garaşyp duruň.
monarch patyşa; monarh
Monday duşenbe;birinji gün; başgün
money pul
month aý
monument ýadygärlik
moon aý; **full moon** dolan aý
more -dan/-den köp; **more or less** takmynan
morning ir bilen; **this morning** şu gün ir bilen
mosque metjit
mosquito çybyn
most köpüsi
mother eje; ene
motorbike motosikl; motor
mountain dag
mountain pass geçelge
mouse syçan
mouth agyz
mouthwash agyz çaýkamak üçin suw
move hereket etmek; **to move house** göçmek
movie kino; **the movies** kino(teatr)
much köp; kän; **not much** azajyk; **too much** örän köp; öte köp; **how much?** näçe?; **how much is it?** näçe pul?
mud laý; palçyk
mulberry tut; tudana
mule gatyr
mullah molla
murder *noun* öldürilme; *verb* öldürmek
murderer adam öldüren ganhor
museum muzeý
music saz
Muslim musulman

must *verb plus* -maly/-meli; **I must see it.** Men görmeli.
mustache murt
mustard gorçisa
my meniň
myself özüm

# N

nail çüý; **fingernail** dyrnak
nail clippers dyrnak alynýan
name at; **surname** familiýa **What is your name?** Adyňyz näme? **My name is Murad.** Adym Murat.
napkin salfetka
narrow dar
nation *state* döwlet; *people* millet; halk
nationality millet; *& see* **citizenship**
natural tebigy; **natural disaster** tebigy weýrançylyk; **natural resources** tebigy baýlyklar
nature tebigat
navy harby flot
near -a/-e ýakyn; golaý
nearby ýakyn; goňşy
nearly *almost* takmynan; **I nearly dropped it.** Men ony tas gaçyrdym.
necessary gerekli; zerur
neck boýun
necklace monjuk
necktie galstuk
need gerek; **I need ...** Maňa ... gerek.
needle iňňe
negotiations gepleşikler
negotiator gepleşikleri alyp baryjy
neighbor goňşy
neither ... nor ne... ne
nerve nerw; **It's getting on my nerves.** Ýüregime düşýär.

# net

net tor
neutral bitarap; **neutral drive** neýtral
neutrality bitaraplyk
never hiç wagt
new täze
New Year *March 21* nowruz; *January 1* täze ýyl
New Zealand Täze Zelandiýa
news habar
news agency täzelikler gullugy
newspaper gazet; **a newspaper in English** iňlisçe gazet
newsstand kiosk
next indiki; soňky
next week indiki hepde
nice gowy; ýakymly
night gije; **good night!** gijäňiz rahat bolsun
nightclub gijeki klub
nine dokuz
nineteen on dokuz
ninety togsan
no ýok; **no entry** girmek gadagan; **no smoking** çilim çekmek gadagan; **No sugar, please.** Gant alamok.
nobody hiç kim
noise ses; gykylyk
noisy gykylykly; galmagally
noon günortan
no one hiç kim
nor *see* neither
normal kadaly; normal; ortaça
north demirgazyk
Northern Ireland Demirgazyk Irlandiýa
nose burun
not däl; **do not ...!** *verb +* maň/mäň!; **This is not good.** Bu gowy däl.; **not enough** ýeterlik däl
note: **bank note** banknot; kagyz pul; **to take notes** ýazmak
notebook depder
nothing hiç zat

nought hiç zat; nol
noun at
novel roman; **novels in English** iňlisçe romanlar
November noýabr; Sanjar (aýy)
now häzir
nowhere hiç ýerde
nuclear power *energy* ýadro energiýasy; *political* ýadro ýaraglaryna eýe döwlet; **nuclear power station** ýadro energiýa stansiýasy
number nomer
nurse şepagat uýasy/medsestra
nut hoz

## O

oak dub
obligation borç
observer synçy
occasion ýagdaý
occupation *job* kär; *invasion* basyp alma
occupying forces basyp alan/okkupirleýän güýçler
occur duş gelmek; gabat gelmek bolup gecmek
ocean okean; umman
o'clock: **at three o'clock** Sagat üçde.; **It is ... o'clock.** Sagat ... boldy.
October oktýabr; Garaşsyzlyk (aýy)
off-shore kenardan uzakda
office edara; **office worker** edarada işleýän adam
officer *military* ofiser; harby serkerde
often çalt-çaltdan; ýygy-ýygydan
oil *petroleum* nebit; *cooking* ýag; **oilcan** maslýonka; ýag gaby; **oil field** nebit ýatagy; **oil pipeline** nebit turbasy;

nefteprovod; **oil production** nebit çykarylyşy; **oil refinery** nebiti gaýtadan işleýän zawod; **oil slick** deňize dökülen nebit; **oil spill** nebit dökülişi; **oil tanker** nebit tankeri; **oil well** nebit skwažinasy; **oil worker** nebitçi

**old** *things* köne; *people* garry; **How old are you?** Siz näçe ýaşyňyzda?; **I am ... years old.** Men ... ýaşymda.

**on** üstünde; **on time** wagtynda

**once** bir gezek

**one** bir; **one-way street** bir taraply ýol; **one-way ticket** gidiş bileti

**onion** sogan

**only** diňe

**onto** üstüne

**open** *adjective* açyk

**open** *verb* açmak

**opera** opera; **opera house** opera zaly

**operating theater** operasiýa otagy

**operation** *surgical* operasiýa

**operator** *telephone* telefonist; *machine* operator

**opposite** tersine; *preposition* garşysynda

**opposition** oppozisiýa; **opposition to** garşylyk

**or** ýa- da

**orange** *fruit* apelsin; *colour* mämişi

**orchard** bag; **apple orchard** alma bagy

**order** *noun* buýruk; *for something* zakaz; sargyt; buýrulan iş; **to order someone** buýurmak; **to order something** zakaz etmek; iş buýurmak

**ordinary** ýönekeý; adaty

**origin** gelip çykyşy; asly

**original** asyl nusga

**orphan** ýetim

**Orthodox** prawoslaw

**other** başga

**otherwise** ýogsa; bolmasa

**ounce** unsiýa

**our** biziň; özümiziň

**ours** biziňki

**ourselves** özümiz

**out** daşy; daşyndan; daşyna; **He is out.** Ol şu taýda ýok.; **He went out.** Ol daş çykdy.; **He threw it out.** Ony zyňyşdyrdy /taşlady.; **The lights went out.** Tok öçdi/söndi.

**outside** *adjective* köçedäki; daşary; **He went outside.** Daşaryk çykdy.

**overcoat** palto

**overtake** yzyndan ýetmek

**owl** baýguş; baýhatyn

**own** *adjective* öz; *verb* eýelik etmek; **I own a house.** Öýüm bar.; **They own two cars.** Olaryň iki maşyny bar.

**oxygen** kislorod

# P

**package** posylka

**padlock** asma gulp

**pain** agyry

**painkiller** agyry aýýran derman

**paint** *noun* boýag; boýa; reňk; *verb* reňklemek

**painter** suratçy

**painting** surat

**Pakistan** Pakistan

**Pakistani** pakistanly

**palace** köşk

**pale** solgun

**paper** kagyz; **newspaper** gazet; *article* makala/oçerk **a piece of paper** kagyz bölegi

ş = *sh*ip     ý = *y*et

# parachute

parachute paraşut
paradise jennet; uçmah
paralyzed ysmaz; şel
parcel posylka
parents ata-ene; ene-ata
park *noun* park; bag; *verb* (maşyny) goýmak
parliament parlament; **Turkmenistan parliament** Mejlis
part bölek; bölüm; bap
participate gatnaşmak
partridge käkilik
party otyrylyşyk; *political* partiýa
pass *verb* geçmek; ötmek; *& see* mountain pass
passable: **Is the road passable?** Bu ýoldan geçip bolýarmy?
passenger ýolagçy
passport pasport; **passport number** pasport nomeri
past *adjective* öten; geçen; *noun* geçmiş
pasta makaron; un aş
path ýoda; ýol
patient *medical* syrkaw; hassa
pay *noun* hak; aýlyk; *verb* tölemek
payment hak
peace parahatçylyk; **peace talks** parahatçylyk gepleşikleri
peacekeeping troops parahatçylygy saklaýan goşunlar
peach şetdaly
peak dagyň depesi
pear armyt
pearl dür
peasant daýhan
pediatrician pediatr; çaga dogtory
pediatrics pediatriýa
pelvis çanaklyk
pen ruçka
pencil galam

penicillin penisillin
penknife çakgy
people adamlar
pepper burç
perfect kämilleşen; **This is perfect!** Gaty gowy!/Berekalla!
perform oýnamak; **duty** ýerine ýetirmek
performance oýun goýuş
perfume hoşboý ys atyr
phonetics fonetika
photo surat
photocopier kseroks maşyny
photocopy kseroks
photographer fotograf; fotosuratçy
photography fotografiýa
physics fizika
physiotherapy fizioterapiýa
piano pianino
pickax külüň; kerki
picture surat
piece bölek
pig doňuz
pigeon kepderi
pilau rice palaw
pilgrim zyýaratçy; **to Mecca** hajy
pill tabletka
pillow ýassyk
pilot pilot; uçujy
pin iňňebagjyk; **pins and needles** *medical* jümşüldi
pine sosna agajy
pink gyzgylt
pipe turba
pistachio pisse
pistol sapança; pistolet
pitch şepbik; ýelim
pizza pissa
place ýer; **place of birth** dogan ýeri; doglan ýeri
plain *noun* düzlük; takyr

**plane** samolýot/uçar

**plank** tagta

**plant** ösümlik

**planting** ekiş

**plastic** plastmassa

**plate** tarelka

**platform** platforma; **station** perron; **platform number** perron nomeri

**play** *theater* oýun; *pýesa*; *verb* oýnamak; **to play an instrument** çalmak

**pleasure** lezzet; hezillik

**plow** *noun* azal; *verb* ýer sürmek

**plug** *bath* dyky; *electric* dürtgüç; vilka

**plum** garaly

**p.m.** öýlän; günortandan soň

**pocket** jübi

**podium** pomost

**poem** goşgy; şygyr

**poet** şahyr

**poison** awy; zäher

**poisonous** zäherli

**police** milisiýa

**police station** milisiýa uçastogy

**policeman** milisiýoner

**polite** sypaýy; sypaýçylçykly; edepli

**political** syýasy; **political scientist** syýasat eksperti

**politician** syýasy işgär

**politics** syýasat

**pollution** (daş-töweregi) hapalamaklyk

**pomegranate** nar

**pony** taý

**pool** basseýn; howuz

**poor** garyp; ýoksul

**poplar** derek

**population** ilat; ýaşaýjylar

**pork** doňuz eti

**port** port

**portable tv** portatiw telewizor

**portion** ülüş; paý; bölek

**portrait** surat

**possible** mümkin; **if possible** mümkin bolsa

**position** pozisiýa; ýagdaý

**postcard** otkrytka

**post office** poçta

**potato** kartoşka; ýeralma

**pottery** küýze; golça ...

**pound** funt

**pour** guýmak; **to pour out** dökmek

**P.O.W.** ýesir

**P.O.W. camp** ýesirler lageri

**powder** poroşok; däri

**power** güýç

**praise** öwmek

**pray** doga okamak; *Islamic* namaz okamak; *Christian* hudaýa çokunmak

**prayer rug** namazlyk

**prefer** gowy görmek

**pregnant** göwreli

**premier** premýer

**prepare** taýýarlamak

**present** *adjective* häzirki; *time* häzirki wagt; *gift* sowgat

**president** prezident

**press: the press** metbugat

**pressure** basyş; **high blood pressure** gan basyşynyň ýokarylygy; gipertoniýa; **low blood pressure** gan basyşynyň pesligi; gipotoniýa

**previously** öň

**price** nyrh; baha

**pride** guwanç

**priest** pop; ruhany

**prime minister** premýer-ministr; baş ministr

**principle** prinsip; ýörelge

**print** çap etmek

**printer** *computer* printer

# prison

prison türme
prisoner ýesir; tussag
prize baýrak; sylag
probable ähtimal; **it is probable** boljak ýaly
probably: **We'll probably go.** Gitsek gerek.
problem problema; mesele; **no problem!** zyýany ýok!
product önüm; haryt
profession kär
professional hünärli; professional
professor professor
program programma; maksatnama; **radio program** radio programmasy
projector proeksiýon fonar
pronounce aýtmak
pronunciation aýdylyş
proof subutnama
prosthesis protez
protect goramak
protection gorag; gorama
protest noun ýöriş; verb ýöriş etmek
proud buýsançly
prove subut etmek
proverb nakyl
pub bar
public phone telefon-awtomat
publish neşir etmek
publisher neşirýat
pull çekmek; dartmak
pump noun nasos; verb nasoslap çykarmak
pumping station nasos stansiýasy
pumpkin kädi
puncture deşik **I have a puncture.** Balon deşilipdir.
punish jeza bermek
pupil okuwçy
purple goýy gyrmyzy reňk
push itmek; iteklemek

put goýmak; **to put on clothes** geýinmek; **to put through on the phone** baglamak

# Q

quarter area kwartal; etrap; **one-quarter** dörtden bir; **three-quarters** dörtden üç
queen aýal patyşa
question sorag
quick tiz
quickly tiz
quiet adjective ümsüm; rahatümsümlik; rahatlyk; dynçlyk
quietly ýuwaş
quilt ýorgan
quit goýmak; taşlap gitmek
Qur'an Gurhan; Kuran

# R

rabbit towşan
rabies guduzlama
radar radar
radiator radiator
radio radio; **radio broadcast** radio gepleşigi; **radio program** radio programmasy; **radio station** radiostansiýa; **radio taxi** radioly taksi
raid hüjüm; reýd
railway demir ýol
railway station wokzal
rain ýagyş
rainbow älemgoşar
rain: **it is raining** ýagyş ýagýar
rainy weather ýagyşly howa
raise götermek
ram goç
Ramadan oraza; remezan /aýy/
range plita
rape zorlamak/namysyna deg-

mek; **I've been raped.** Meni biri zorlady.

**rapid** tiz

**rapidly** tiz

**rat** alaka

**rate: What is the exchange rate?** Kurs näçeden?

**ravage** *verb* weýran etmek

**ravine** jülge; dere

**raw** çig

**razor** päki

**reactionary** reaksioner

**read** okamak

**ready** taýýar; **I am ready.** Men taýýar.

**real** hakyky; çyn

**realize** düşünmek

**reality** hakykat

**reap** ormak

**reason** sebäp; **for that reason** sunuň üçin; zerarly; **reason for travel** syýahat etmekden maksat

**rebel** *noun* gozgalaňçy; topalaňçy

**receipt** kwitansiýa

**receive** almak; kabul etmek; **to receive guests** garşylamak

**recently** ýaňy-ýakynda; golaýda

**reception desk** registrasiýa

**recognize** tanamak

**record** *noun* plastinka; *document* ýazgy; **sports record** spors rekord

**record** *verb* ýazmak; bellige almak

**red** gyzyl

**Red Cross** Gyzyl Haç

**referee** sudýa; emin

**refine** gaýtadan işläp çykarmak

**refinery** gaýtadan işläp çykarýan zawod; **oil refinery** nebiti gaýtadan işläp çykarýan zawod

**refrigerator** holodilnik; sowadyjy

**refugee** bosgun; gaçgak; **refugees** bosgunlar; gaçgaklar; **refugee camp** bosgunlar lageri

**regime** režim

**region** sebit

**registered mail** buýrma hat; zakaz hat

**reign** *noun* höküm sürmeklik döwri

**relationship** garyndaşlyk gatnaşyk

**relative** garyndaş; **relatives** garyndaşlar

**relax** gowşamak; dem-dynç almak

**release** boşamak

**relief aid** kömek; ýardam

**religion** din

**remain** galmak

**remember** ýatlamak; ýadyňa düşmek

**repair** *noun* remont; bejeriş; abatlaýyş; *verb* remont etmek; bejermek

**reparation** ştraf; jerime

**repeat** gaýtalamak

**replace** ýerinde goýmak; yzyna gaýtarmak; çalyşmak

**reply** *verb* jogap bermek; gaýtargy bermek

**report** hasabat

**represent** wekil bolmak

**representation** wekillik

**representative** wekil

**republic** respublika

**research** gözleg; ylmy iş

**reservation** ýer belläp goýma; **I have a reservation.** Ýer belletdim.

**reserve** ýer belledip goýmak; **Can I reserve a place?** Ýer belletsem bolýarmy?

# reserved

**reserved** bellenip goýlan ýer
**reserves** rezerw; zapas; gor
**rest** *noun* dynç; *others* başgalar; galanlar; *verb* dynç almak
**restaurant** restoran
**return** gaýtmak; **return ticket** gidiş-gaýdyş bileti
**reverse** *adjective* ters; ters (çöwre) ýüzi; *verb* agdarmak
**review** *newspaper* gazet syny
**revolution** öwrülişik; rewolýusiýa
**rice** *uncooked* tüwi; *& see* pilau
**rich** baý
**ride** *a horse* münmek
**rifle** tüpeň
**right** *side* sag tarap; *correct* dogry; **You are right.** Siziňki dogry.; **right away** derrew
**right-wing** sagçylar
**rights** hukuklar; **civil rights** raýat hukuklary; **human rights** adam hukuklary
**ring** *noun* ýüzük; *verb* jaň etmek; **I want to ring ...** ...-a/-e jaň etmekçi
**riot** gozgalaň
**ripe** bişen; bişi
**rise** aýaga galmak; *sun* dogmak; *prices* galmak
**risk** töwekgelçilik
**river** derýa; **river bank** derýanyň kenary
**road** ýol; **road map** ýol kartasy; **roadblock** post
**rob** talamak; ogurlamak; **I've been robbed.** Zatlarymy ogurladylar.
**robbery** talaňçylyk; ogurlyk
**rock** daş gaýa; **rock 'n' roll** rok aýdym-sazy; rok-n-roll; **rock concert** rok konserti; estrada konserti
**roof** tamyň üsti

**room** otag; **single room** bir adamlyk otag; **double room** iki adamlyk otag; **room number** otag nomeri; **room service** otag ýygnamak hyzmati
**rooster** horaz
**rope** tanap; ýüp; urgan
**rosary** tesbi
**rose** bägül
**route** ýol; marşrut
**row** *line* hatar; *of text* setir
**royal** patyşa(nyň)
**rubber** kauçuk
**rubbish** hapyr-hupur; hapa
**ruble** manat
**rude** gödek
**rug** haly(ça)
**rugby** regbi
**ruins** harabaçylyk
**ruler** *person* häkim; *measure* lineýka; çyzgyç
**run** ýlgamak; **to run out** gutarmak; **I have run out of gas.** Benzin gutardy.
**Russia** Orusýet
**Russian** *person* orus; *language* orusça; rus dili
**rust** pos

# S

**sack** halta; ganar
**sad** gamgyn; gaýgyly
**safe** *adjective* howpsuz; *noun: box* seýf
**safety** howpsuzlyk; **safety pin** iňňebagjyk
**saffron** zagpyran
**saint** kerematly; **saint's tomb** zyýarat edilýän mazar
**salad** salat
**salary** aýlyk
**salesperson** satyjy

ç = *ch*urch    ž = a*z*ure    ň = si*ng*

salon *shop* dükan

salt duz

salty duzly; şor

same bir; birmeňzeş; **We came on the same plane.** Biz bir samolýotda geldik.

samovar semawar

sanctuary pena

sand gum; çäge

sandwich buterbrot

satellite sputnik; hemra; **satellite phone** sputnik telefony

satisfactory ýeterlik; kanagatlanarly

satisfied razy

Saturday şenbe güni; altynjy gün; ruhgün

sausage sosiska; kolbasa

save *rescue* halas etmek; dyndarmak; *money* tygşytlamak

saw *noun* ary; byçg

say aýtmak

scarf şarf; ýaglyk

scatter dargatmak

school mekdep

science ylym

scientific ylmy

scientist alym

scissors gaýçy

score: hasap; sçot; **What's the score?** Hasap näçe?; **Who scored?** Kim gol saldy?

Scotland Şotlandiýa

Scottish *person* şotland; şotlandiýaly

screw nurbat; gaýka

screwdriver otwertka

scythe çalgy

sea deňiz

search gözlemek

season pasyl

seat oturgyç; ýer; *political* ýer

second *adjective* ikinji; *noun* sekunt

second class ikinji klas

second-hand köne; ulanylan

secret *adjective* gizlin; ýaşyryn; *noun* syr

secret police gizlin polisiýa

secretary sekretar; ministr

section bölüm

security howpsuzlyk

see görmek; **to see off** *a guest* ugratmak

seed tohum

seek gözlemek; agtarmak

seismological survey seýsmologik gözleg

seize tutmak; basyp almak

sell satmak

send ibermek

senior uly

sense duygy; *meaning* many; mazmun; **That makes sense.** Bolýar.; **That doesn't make sense.** Bolanok.

September sentýabr; Ruhnama (aýy)

septic septik

series seriýa

serious salyhatly

service hyzmat

session sessiýa

seven ýedi

seventeen on ýedi

seventy ýetmiş

several birnäçe

severe winter sowuk gyş

sew tikmek

sex jyns; *sexual relations* jyns gatnaşygy

shade kölege

shah şah

shake silkmek; titremek; **to shake hands** elleşmek

shallow ýalpak

shampoo şampun

shape sudur; şekil; forma
share *verb* bölüşmek; paýlaşmak
sharp ýiti
shave sakgal almak
shaving cream sakgal almak üçin köpük
she ol
sheep goýun
sheepdog çopan iti
sheet prostyn
shell *of nut* gabyk; *military* snarýad
shelter düşelge
shepherd çopan
shine ýaldyramak
ship gämi
shirt köýnek
shock *medical* şok
shoes köwüş
shoe store aýakgap dükany
shoot atmak; **don't shoot!** atmaň!
shop dükan
shopkeeper dükan eýesi
shopping zat satyn almak; magazine aýlanmak
shore kenar
short *thing* gysga; kelte; *person* gysga boýly
shortage defisit; ýetmezçilik
shorts şorty
shoulder egin
shout gygyrmak; haýkurmak
shovel pil
show *noun* sergi; programma; *verb* görkezmek
shower duş
shrapnel snarýad bölegi
shrine zyýarat edilýän mazar
shut *adjective* ýapyk; *verb* ýapmak
Siberia Sibir
sick keselli; syrkaw; **I am sick.** Ýaramok

side tarap;
side street dar köçe
sight şäheriň gowy ýerleri
sign *noun* nyşan; znaçok; *verb* gol çekmek
signature gol
significance ähmiýet
significant ähmiýetli; wajyp
silence dym-dyrslyk; ümsümlik
silent sessiz
silk ýüpek; **silk production** ýüpekçilik
silly tentek
silver kümüş
similar meňzeş
simple sada
since -dan/-den bäri
sing aýdym aýtmak
single bir; ýeke; **single room** bir adamlyk otag; **I am single.** *male* Men sallah.; *female* Men durmuşa çykamok.
sink *noun* rakowina; *verb* batmak; gark bolmak; suw basmaki
sister *younger* gyz jigi; uýa; *older* uly gyz dogan
sit oturmak
situation ýagdaý
six alty
sixteen on alty
sixth altynjy
sixty altmyş
size ululyk; *of clothing* ölçeg; razmer
skating konýok zynmak
skill ussatlyk
skilled ökde; çeper
skin deri; gön; *human* ham; *animal* deri
sky asman
sleep *noun* uky; *verb* uklamak
sleeping bag spalnyý meşok; halta ýorgan

ç = *ch*urch    ž = a*z*ure    ň = si*ng*

**sleeping car** ýatylýan wagon

**sleeping pill(s)** uky dermany

**sleepy: I am sleepy.** Ukum tutdy/geldi.

**sleet** gar gatyşykly ýagyş; doly

**sling** *medical* daňy; ýapy

**slip** kombinasiýa

**slope** ýapgyt

**slow** yuwaş

**slowly** yuwaş

**small** kiçijik

**smaller** -dan/-den kiçi

**smell** *noun* ys

**smoke** *noun* tüsse; *verb* çilim çekmek

**smuggler** kontrabandist

**snake** ýylan

**snow** *noun* gar; *verb* **It is snowing.** Gar ýagýar.

**so** şeýle; onsoň; **so much/many** şonça

**soap** sabyn

**soccer** futbol; **soccer match** futbol matçy

**social** sosiýal

**socialism** sosializm

**socialist** sosialist

**society** jemgyýet

**sock** jorap

**soft** ýumşak

**soldier** soldat; esger

**solve** çözmek; çykalga tapmak

**some** birnäçe; käbir

**somehow** bir hili

**someone/somebody** biri

**something** bir zat

**sometimes** käwagt

**somewhere** bir ýerde

**son** ogul

**song** aýdym

**soon** tiz; basym

**sore throat: I have a sore throat.** Bogazym agyrýar.

**sorry!** bagyşlaň!

**soul** ruh; jan

**sound** ses; **sound equipment** ses apparaturasy

**soup** çorba

**sour** turşy

**source** çeşme

**south** günorta

**souvenir** ýadygärlik; sowgat

**Soviet Union** Sowet Soýuzy

**sow** ekmek

**sowing** ekiş

**spa** kurort; şyphana

**space** ýer; *between things* aralyk; *outer space* kosmos

**spade** kürek

**Spanish** *person* ispaniýaly; *language* ispança; ispan dili

**spanner** gaýka açary

**spare tire** ätiýaçlyk/zapas şin

**sparkling drink** gazly içgi

**speak** geplemek; **Do you speak English?** Iňlisçe gepleýärsiňizmi?; **I speak...** ... Gepleýärin/Bilýärin.

**speaker** *hi-fi* spiker; *person* orator

**specialist** hünärmen; spesialist

**speed** tizlik

**spell: How do you spell that?** Nähili ýazylýar?

**spend** sowmak; harçlamak

**spicy** *hot* ajy

**spider** möý

**spill** dökmek

**spin** aýlanmak

**spine** *back* oňurga

**spit** tüýkürmek

**splint** *medical* şin

**split** döwülmek; jaýrylmak; çat açmak

**spoil** *verb* zaýala(n)mak

**sponge** gubka

**spoon** çemçe

**sports** sport

sportsman sportsmen
spread ýaýramak
spring *season* ýaz; bahar; *water* çeşme; gözbaş; bulak; *metal* pruzin
spy içaly
square gönüburçly; kwadrat; **town square** seýilgäh
stadium stadion
staff işgärler; ştab
stage sahna; *of process* faza; ädim
stale gaty
stallion aýgyr
stamp *postal* marka; *official* möhür
stand turmak
star ýyldyz
state *nation* döwlet; *federal* ştat; *condition* ýagdaý
station stansiýa
stationery kantselýariýa enjamlary; **stationery shop** kanselýariýa dükany
statue heýkel
stay galmak
steak bifşteks
steal ogurlamak; **My ... has been stolen.** ...-ymy/-imi ogurlatdym.
steel polat
steering wheel rul
step ädim basgançak
sterling sterling
stethoscope stetoskop
stick *noun* çybyk; taýak; *verb* dykmak; sünçmek; **to stick to** yapyşmak
still *adverb* henize çenli; heniz
sting *verb* çakmak
stink *verb* yslanmak
stitches *surgical* tikin
stolen ogurlanan
stomach aşgazan; **I have a**

stomachache. Aşgazanym agyrýar.
stone daş
stop durmak; **don't stop!** durmaň!
store magazin
storey etaž
stork leglek
storm tupan; gaý
story hekaýa; *floor* etaž
stove plita
straight: göni; **straight ahead** dogry
strange keseki; ýat
stranger nätanyş adam
strawberry ýer tudanasy; klubnika
stream akym;derýajyk
street köçe
streetcar tramwaý
strength güýç
stretcher nosilka
strike *from work: noun* iş taşlaýyş; *verb* iş taşlamak
string ýüp
strong güýçli
structure gurluş
struggle göreşmek
stuck: **Our car is stuck.** Maşynymyz ýatyp galdy.
student okuwçy; student
study *noun* öwrenme; *verb* okamak
subject tema
submachine gun awtomat
suburb şäheriň töweregi
subway *metro* metro
success üstünlik
such şeýle
suddenly birden
sufficient ýeterlikli
sugar gant; şeker; **cube sugar** gant; **rock sugar** nabat
suit kostýum

# teapot

**suitable** ýaramly
**suitcase** çemedan
**sultan** soltan
**summer** tomus
**summit** çür başy; ýokarysy; **summit conference** ýokary derejedäki ýygnak
**sun** gün
**sunblock cream** günden goranmak üçin krem
**Sunday** ýekşenbe; bazar güni; dynçgün
**sunflower seeds** günebakar çigidi
**sunglasses** gara äýnek
**sunny** gün çykyp duran; açyk
**sunrise** günüň dogýan wagty
**sunset** günüň ýaşýan wagty
**sunshine** güneş
**supermarket** supermarket
**supper** agşamlyk nahar
**supply** *noun* zapas; üpjünçilik; gor
**support** goldamak
**sure** anyk; **Are you sure?** Anyk bilýäňizmi?; **I'm sure.** Anyk bilýärin.
**surgeon** hirurg
**surgery** *operation* operasiýa
**surname** familiýa
**surprising** geň
**swallow** *verb* ýuwutmak
**swamp** batga
**swear** *oath* kasam içmek; *curse* sögmek
**sweat** *noun* der; *verb* derlemek
**sweater** switer
**sweep** süpürmek
**sweet** süýji; **sweet pepper** bulgar burjy
**swell** *verb* çişmek
**swim** ýüzmek
**swimming pool** basseýn; howuz
**swing** hiňildik

**switch** *electric: noun* viklýu-çatel; *verb* **to switch on** ýakmak; **to switch off** söndürmek
**symbol** nyşan
**symphony** simfoniýa
**symptom** alamat
**synagogue** senagog
**syntax** sintaksis
**syringe** şpris
**system** tertip; sistema; ulgam

# T

**table** stol
**tablecloth** saçak
**tablet** tabletka
**Tajik** täjik
**take** almak; **What time does the plane take off?** Samolýot haçan uçar?
**talk** geplemek
**tall** uzyn
**tampon** tampon
**tandoor oven** tamdyr
**tank** bak; taňňyr; tüňňür; *military* tank
**tap** *faucet* kran
**tape** kasseta
**tape-recorder** magnitofon
**taste** *noun* tagam; *verb* dadyp görmek
**tasty** datly; süýji
**tax** *noun* salgyt; ýygym; *verb* salgyt salmak
**tax-free** salgytsyz; **tax-free zone** salgytsyz zona
**taxi** taksi
**tea** çaý; **green tea** gök çaý; **black tea** gara çaý
**teach** öwretmek
**teacher** mugallym
**teacup** *Asian* käse
**teapot** çäýnek

§ = *sh*ip
ý = *y*et

**Turkmen Dictionary & Phrasebook · 97**

**team** kommanda

**tear** *noun* deşik

**tear** *verb* ýyrtmak; ýolmak

**tear gas** ýaşardyjy gaz

**teaspoon** çaý çemçesi

**technique** tehniki usullar

**teeth** diş

**telecommunications** telearagatnaşyklar

**telegram** telegramma

**telephone** *noun* telefon; **satellite phone** sputnik telefony; *verb* jaň etmek; **telephone operator** telefonist; **telephone station** telefon stansiýasy

**telescope** teleskop

**television** telewizor; **television station** telewideniýa

**telex** teleks

**tell** aýtmak; **tell him/her** oňa aýdyň; **tell me** maňa aýdyň;

**temperature** temperatura; gyzgynlyk; **I have a temperature.** Gyzgynym bar.

**temple** ybadathana

**ten** on

**tennis** tennis

**tent** çadyr; palatka; **tent pegs** gazyk

**tenth** onunjy

**termite** sary garynja; termit

**terrible** elhenç

**territory** territoriýa; ýer

**terror** terror

**terrorism** terrorizm

**terrorist** terrorçy

**test** *noun* synag; ekzamen

**text** tekst

**than** -dan/-den; **smaller than** -dan/-den kiçi; **bigger than** -dan/-den uly

**thank** sag bol aýtmak

**thank you!** sag boluň!

**that** *pronoun* ol; **that's enough!** boldy!; şular ýeterlik!; **in that case** onda

**thaw** *noun* maýylganlyk; ýere ýyly girmeklik; *verb* eremek

**theater** teatr

**theft** ogurlyk

**their** olaryň

**theirs** olaryňky

**theme** tema

**themselves** olaryň özi

**then** şol wagt soň

**theory** teoriýa

**there** ol ýerde

**there is/are...** ...bar

**therefore** şonuň üçin

**thermometer** termometr

**these** bular

**they** olar

**thick** *wide* giň; *dense* goýy

**thief** ogry

**thigh** ýanbaş

**thin** *thing* inçe; *person* hor; arryk

**thing** zat

**think** oýlamak; pikir etmek; **I think...** ...diýip pikir edýärin.

**third** *adjective* üçünji; **one-third** üçden bir

**thirsty: I'm thirsty.** Suwsadym.

**thirteen** on üç

**thirty** otuz

**this** bu; şu

**those** olar

**though** ýöne; emma

**thought** pikir; pikirleniş

**thousand** müň

**thread** ýüp

**three** üç; **three times** üç gezek

**throat** bogaz

**thrombosis** tromboz

**throne** tagt

**through** -dan/-den; üsti bilen

throw atmak; zyňmak

thumb başam barmak

thunder gök gürüldisi

Thursday penşenbe; dördünji gün; sogapgün

tick *insect* sakyrtga; mütrük

ticket bilet; **one-way ticket** gidiş bileti; **return ticket** gidiş-gaýdyş bileti

ticket office kassa

tie *noun:* necktie galstuk; *verb* baglamak; **diplomatic ties** diplomatik gatnaşyklar

tights kolgotka

time wagt; **two times** iki gezek; **for a long time** köpden bäri; **free time** boş wagt; **What time is it?** Sagat näçe?

timetable raspisaniýe

tire *noun* şin; *verb* ýadamak **I feel tired.** Ýadadym.

tissues salfetka

transfer *verb: on the phone* baglamak

toast *drink* tost

tobacco tabak; **chewing tobacco** nas

today şu gün

toe aýagyň barmagy

together bile

toilet tualet; **toilet paper** tualet kagyzy; **toilets** hajathana; tualet

token *coin* žeton

tomato pomidor

tomb gabyr; gonam

tomorrow ertir; **the day after tomorrow** birigün

tongue dil

tonight şu gün agşam

too *also* gaty; *very* örän; **too little** örän az; **too many/ much** gaty kän

tools esbap

tooth diş

toothache diş agyry

toothbrush diş çotgasy

toothpaste diş pastasy

toothpick diş synçgalýan

top üst; **on top of** üstünde

torture *noun* gynama; *verb* gynamak

tourism turizm; syýahatçylyk

tourist turist; syýahatçy; **tourist office** turizm edarasy

tourniquet turniket

tow: **Can you tow us?** Biziň maşynymyzy süýräp gidip bilersiňizmi?

tow rope tros

towel polotense

tower minara

town şäher; **town center** şäher merkezi; **town hall** şäher häkimligi

track yz; koleýa

tractor traktor

trade union kärdeşler arkalaşygy

tradition däp

traditional milli

traffic lights swetofor; ýolçyra

traffic police ýol polisi; *in Turkmenistan* G.A.I.

train otly

train station wokzal

tranquilizer köşeşdiriji derman

transformer transformator

transfusion: **blood transfusion** gan goýberme; transfuziýa

translate terjime etmek

translation terjime

translator terjimeçi

transmit bermek; geçirmek

transmitter peredatçik

transport daşamak

transportation transport; ulag

trap gapan

# trash

trash zibil; hapa

trauma şikes

travel *noun* syýahat; *verb* syýahat etmek

travel agent syýahat agentligi

traveler syýahatçy

traveler's checks syýahat çekleri

treacherous howply

treasury hazyna

tree agaç

trial *legal* sud

tribe tire; taýpa

trolley bus trolleýbus

troops goşun

trouble: What's the trouble? Nämäň aladasyny edýärsiň?; Näme boldy?

trousers balak

truce ýaraşyk

truck ýük maşyny; gürzowoý

true dogry; hakyky

trunk *of car* bagaž ýeri

truth hakykat

try *to make an effort* çalyşmak

tsar ak patyşa

tube turba

Tuesday sişenbe; ikinji gün; ýaşgün

tulip çigildem

tunnel tunel

turban selle

Turk türk

Turkey Türkiýe

turkey indýuk

Turkish *language* türkçe

Turkish baths hammam

Turkmen *people* türkmen; *language* türkmençe

turn *noun* gezek

turn *verb* öwrülmek; sowmak; turn left! çepe öwrül!; turn right! saga öwrül!; to turn on çyra ýakmak; grandy açmak; to turn off söndürmek; öçürmek

turnip turp; şalgam

twelve on iki

twenty ýigrimi

twice iki gezek

twins ekizler

two iki

two-thirds üçden iki

type *noun* hil; tüýs

typewriter maşynka

tyre *noun* şin

# U

ugly betnyşan

U.F.O. uçýan tarelka

Ukraine Ukraina

Ukrainian *language* ukrainçe

ulcer peşehorda

umbrella zont; zontik; saýawan

uncle *maternal* daýy; *paternal* aga

under *preposition* aşagynda

underground ýerasty; *metro* metro

understand düşünmek; I understand. Düşünýärin.; I don't understand. Düşünmedim.

underwear içki geýim

understood düşnükli; Is that understood? Düşnüklimi?

undo çözmek

U.N.D.P. Birleşen Milletler Guramasynyň Rowaçlandyrmak Programmasy

unemployed işsiz

unemployment işsizlik

U.N.E.S.C.O. Birleşen Milletler Guramasynyň Okuw, Ylym, we Medeniýet Guramasy

unexpected garaşylmaýan

unexploded bomb partlamadyk bomba

**unfortunate** gynançly
**unfortunately** gynansak-da
**unhappy** gamgyn; gaýgyly
**U.N.H.C.R.** Birleşen Milletler Guramasynyň Bosgunlar üçin Ýokary Komissary
**unification** birleşme; kybaplaşdyrma
**uniform** forma
**union** soýuz; birleşme; **trade union** kärdeşler arkalaşygy
**unique** ýeke-täk; tapylgysyz
**unite** birleşmek
**united** birleşen
**United Nations** Birleşen Milletler Guramasy
**university** uniwersitet
**unknown** nämälim; näbelli
**unless: I won't go unless you do.** Eger siz gitmeseňiz.; Men gitjek däl.
**until** -a/-e çenli
**up** ýokaryk
**U.S.A.** A.B.Ş. (Amerikanyň Birleşen Ştatlary)
**use** *noun* peýda; **It's no use.** Peýdasy ýok./Biderek.
**use** *verb* ulanmak; peýdalanmak
**useful** peýdaly
**useless** peýdasyz; biderek
**usual** ýönekeý; adaty
**usually** adatça; köplenç
**Uzbek** *person* özbek; *language* özbekçe
**Uzbekistan** Özbegistan

# V

**vacation** kanikul; rugsat
**vaccinated** waksina; **I've been vaccinated.** waksina edildim
**valley** jülge
**variety** dürli-dürlülik; her tüýslilik; *kind/sort* hil; tüýs

**varnish** lak; syrça
**vase** waza
**vegetables** gök; gök önümler; **vegetable shop** gök önümler dükany
**vegetarian: I am a vegetarian.** Men et iýemok.
**vein** damar
**venereal disease** sözenek keseli
**verb** işlik
**very** örän; gaty
**veto** *noun* weto
**vice-president** wise-prezident
**victim** gurban
**victory** ýeňiş
**video cassette** wideokasseta
**video player** wideomagnitofon
**view** görnüş; **point of view** nukdaý nazar
**village** oba; **village elder** oba aksakallary/ýaşululary
**vinegar** sirke; uksus
**violence** güýç; okgunlylyk; hyjuwlylyk
**virus** wirus
**visa** wiza
**visit** *verb* -a/-e barmak; **to visit as a guest** myhman bolmak
**visitor** myhman
**vodka** arak
**voice** ses
**voltage** woltaž
**vomit: I have been vomiting.** Gusýaryn./Iýenim gaýdýar.
**vote** *noun* ses berlişik; *verb* ses bermek; **vote-rigging** ses berlişiniň galplandyrylşy
**voting** ses beriş; saýlaw

# W

**wage war** uruş alyp barmak; uruşmak
**wait** garaşmak

ş = ship    ý = yet

# waiter

**waiter** ofisiant

**waitress** ofisiantka

**wake** oýanmak; **Please wake me up at...** Sagat ...-da meni turzuň.

**wake-up call** oýarmak üçin jaň etmek

**Wales** Uels

**walkie-talkie** rasiýa

**wall** diwar

**wallet** gapjyk

**walnut** hoz

**want: What do you want?** Size näme gerek?; **I want ...** Maňa ... gerek.; **I don't want ...** Maňa ... gerek däl.; **I want to leave.** Men gitmekçi.

**war** uruş; **civil war** raýatlar urşy; **war crime** uruş kadalaryna garşy edilen jenaýat; **war tribunal** uruş tribunaly

**warm** ýyly; maýyl

**wash** ýuwmak

**wasp** eşek ary

**watch** *noun* sagat; *verb* seretmek

**watchmaker's** sagat ussasy

**water** suw; **Is there drinking water?** Içilýän suw barmy?

**water bottle** suw çüýşesi

**waterfall** şarlawuk

**watermelon** garpyz

**wave** tolkun

**way** tarap; ugur; **road path** ýol; ýoda; **this way** bu tarap; şu tarap; **that way** o tarap; şo tarap; ol/şol ugur

**we** biz

**weak** gowşak

**weapon** ýarag

**wear** geýmek

**weather** howa

**Wednesday** çarşenbe; üçünji gün; hoşgün

**week** hepde; **last week** geçen hepde; **next week** indiki hepde; **this week** şu hepde

**weekend** dynç güni; şenbe-ýekşenbe

**weep** aglamak

**weight** agyrlyk

**welcome!** hoş geldiňiz!

**well** *adjective* gowy; düzüwli; *adverb* gowy; *noun* guýy; **oil well** nebit skwažinasy; **gas well** gaz skwažinasy; **well site** guýy ýeri

**well-known** belli

**Welsh** uelsli; welsli

**west** *noun* günbatar

**wet** *adjective* öl; çygly; *verb* öllemek; çyglamak

**what?** näme?; **what kind?** nähili?; **what's that?** o näme?

**wheat** bugdaý

**wheel** tigir; tigirçek; teker

**wheelbarrow** galtak

**wheelchair** tigirli oturgyç

**when?** haçan?

**where?** nirede?; **where from?** nireden?; **where are you from?** siz nireli?

**which?** haýsy?

**whirlwind** tüweleý; gara tüweleý

**whisky** wiski

**white** ak

**who?** kim?

**whole** bütin

**why?** näme üçin?

**wide** giň

**widow** dul aýal

**widower** dul

**wife** aýal

**wild** ýabany

**willow** söwüt

**win:** Who won? Kim utdy?

**wind** noun ýel

**wind** verb saramak

**window** äpişge

**windshield** maşynyň öň aýnasy

**windy** ýelli

**wine** çakyr

**wing** ganat

**winter** gyş

**wire** sim

**wisdom** parasatlylyk

**wish** verb arzuw etmek; **I wish to...** ...-mak/-mek isleýärin.

**with** bilen

**withdraw** yzyna almak

**without** -syz/-siz; **without permission** rugsatsyz

**withstand** çydamak; durup bilmek

**witness** şaýat; subutnama

**wolf** möjek; böri; gurt

**woman** aýal

**womb** ýatgy

**wonton noodles** börek

**wood** agaç; forest tokaý

**wool** ýüň

**work** noun iş

**work** verb işlemek; **The phone doesn't work.** Telefon işlänok.

**worker** işçi

**world** dunýä; jahan

**worm** gurçuk; **earthworm** ýer gurçugy; gyzyl gurçuk

**worried:** to be worried gaýgy etmek; alada etmek

**worse** beter; **I feel worse.** Ýagdaýym erbet.

**worth** baha; nyrh

**worthless** biderek

**wound** noun ýara; verb ýaralamak

**worship** verb baş egmek

**wrap** dolamak; saramak

**wrench** noun: spanner gaýka açary

**wrestling** göreş

**wrist** goşar; bilek

**write** ýazmak

**writer** ýazyjy

**writing** ýazuw; **in writing** ýazuw görnüşinde

**writing paper** ýazylýan kagyz

**wrong** bimamla; nädogry; ýalňyş; **You're wrong!** Siziňki ýalňyş.

# X

**X-ray** rentgen

# Y

**yard** howly

**yard** distance ýard (metr)

**year** ýyl; **last year** öten ýyl; **this year** şu ýyl; **next year** indiki ýyl; **the year after next** iki ýyldan soň

**yellow** sary

**yes** hawa

**yesterday** düýn; **the day before yesterday** öňňin

**yet** eýýäm; **not yet** heniz

**yield** ýol bermek; harvest hasyl; önüm

**yogurt** gatyk

**you** formal/plural siz; familiar sen

**young** ýaş

**your** formal/plural siziň

**yours** formal/plural siziňki

**yourself** formal/plural özüňiz

# Z

**zero** nol; zerre

**zipper** syrma; molniýa
**zone** zona; zolak
**zoo** haýwanat bagy; zoopark

# TURKMEN
## Phrasebook

# 1. ETIQUETTE
## EDEP AŇLATMALARY

> Note that Turkmen has lots of ways to meet and greet!

| | |
|---|---|
| Hello! | **Salam!; Salowmaleýkim!** |
| How are you? | **Ýagdaýlar nähili?** *or* **Saglyk-amanlykmy?** |
| Fine, thank you. | **Gowy (ýagşy).** *or* **Hudaýa şükür.** |
| How are you? | **Öz ýagdaýlaryňyz nähili?** *or* **Saglykmy?** *or* **Gurgunçylykmy?** |
| Good morning! | **Sag-aman ördüňizmi?;** **Salam!** |
| Good afternoon! | **Sag-aman otyrmysyňyz?** *or* **Sag-salamatlykmy?** |
| Good evening! | **Giç ýagşy!; Salam!** |
| Good night! | **Sag-aman ýatyp turyň!** |
| See you tomorrow! | **Ertire çenli sag boluň!** |
| Good bye! | **Sag boluň!** |
| Bon voyage! | **Ýoluňyz ak bolsun!** |
| Welcome! | **Hoş geldiňiz!** |
| Bon appetit! | **Iştäginiz açyk bolsun!** *or* **Noş bolsun!** |
| Thank you! | **Sag boluň!** *or* **Taňry ýalkasyn!** |
| Good luck! | **Işiňiz şowly bolsun!** *or* **Işiňiz ilerik!** |
| Excuse me! | **Bagyşlaň!** |
| May I? | **Mümkinmi?** |
| Sorry! | **Meni bagyşlaň!** *or* **Bilmändirin!** *or* **Bagyşlaň!** |

# 2. QUICK REFERENCE
## ÇALYŞMALAR

| | |
|---|---|
| I | **men** |
| you *singular* | **sen** |
| he/she/it | **ol** *or* **o** |
| we | **biz** |
| you *plural* | **siz** |
| they | **olar** |
| | |
| this | **bu** *or* **şu** |
| that | **şol** |
| these | **şular** *or* **bular** |
| those | **olar** *or* **şolar** |
| | |
| here | **bu taýy** *or* **şu taýy** |
| there | **o taýda** |
| | |
| yes | **hawa*** |
| no | **ýok*** |
| | |
| where? | **nirede?** |
| to where? | **nirä?** *or* **niräk?** |
| who? | **kim?** |
| what? | **näme?** |
| when? | **haçan?** |
| which? | **haýsy?** |
| how? | **haýsy?** *or* **nähili?** *or* **nädip?** |
| why? | **näme üçin?** |
| | |
| how far? | **uzaktamy?** *or* **daşdamy?** |
| how near? | **ýakynmy?** |

* Also see the note on "yes" and "no" on page 175.

ş = *sh*ip     ý = *y*et

| | |
|---|---|
| how much? | näçe? |
| how many? | näçe (sany)? |
| | |
| what's that? | näme ol? |
| is there ... ?/are there... ? | ... barmy? |
| where is .../are... ? | ... nirede? |
| What must I do? | Men näme etmeli? |
| What do you want? | Size näme gerek? |
| | |
| very | örän or gaty or diýseň. |
| and | we or -da/-de or hem |
| or | ýa or ýa ...-da/-de |
| but | ýöne or emma |
| | |
| I like ... | Men ... gowy görýärin. |
| I don't like ... | Men ... halamok. |
| I should like ... | ...-esim gelýär. |

> **WANTING AND NOT WANTING** — Note that there is no everyday verb in Turkmen for saying "I want something." Instead, use the verb that indicates what you wish to do with the object you want, for example, to say "I want a rug," you need to say "I want to get a rug" — **Men haly almakçy.** Otherwise, state the object as something you need, e.g. "I want two liters" — **Maňa iki litr gerek.**

| | |
|---|---|
| I know. | Bilýärin. or Bilýän. |
| I don't know. | Bilemok. |
| Do you understand? | Düşünýärsiňizmi? |
| I understand. | Düşünýärin. |
| | or Düşünýän. |
| I don't understand. | Düşünemok. |

| | |
|---|---|
| I am grateful. | **Minnetdar.** |
| It's important. | **Bu möhüm zat.** |
| It doesn't matter. | **Zyýany ýok.** or |
| | **Tapawuty ýok.** |
| You're welcome! | **Hiç zat däl.** or |
| | **Baş üstüne.** |
| No problem! | **Gürrüňi bolmaz!** |
| more or less | **takmynan** |
| here is.../here are... | **ynha...** |
| Is everything OK? | **Hemme zat oňatmy?** |
| Danger! | **Howply!** |
| How do you spell that? | **Nähili ýazylýar?** |

---

**SYMPATHY** — There are several ways to express sympathy. Upon hearing bad news you say: **Muny eşidip gaty gyýnanýan.** — "I am sorry to hear that." If you learn that someone is ill, you can wish them well by saying: **Ahweti haýyr bolsun!** or **Derdini beren dermanyny hem bersin!** If you want to express your sympathy on hearing news of a death, you say: **Yzy ýarasyn.** — "My condolences."

---

| | |
|---|---|
| I am well. | **Ýagdaýlarym gowy.** |
| I am right. | **Men mamla.** |
| I am sleepy. | **Men ukym tutdy (geldi).** |
| I am hungry. | **Men ajykdym.** |
| I am thirsty. | **Men suwsadym.** |
| I am angry. | **Men gaharym geldi.** |
| I am happy. | **Men şat.** |
| I am sad. | **Meniň keýpim ýok.** |
| I am tired. | **Men ýadadym.** |
| I am cold. | **Men üşeýärin.** |
| It's hot. | **Bu taý yssy.** |

# 3. INTRODUCTIONS
## TANYŞLYK AÇMAK

| | |
|---|---|
| What is your name? | **Adyň näme?** |
| My name is ... | **Adym...** |
| May I introduce you to ... | **Sizi ...bilen tanyşdyraýyn.** |
| This is my ... | **Ol meniň...** |
| friend. | **dostum.** |
| colleague/companion. | **kärdeş ýoldaşym/işdeş ýoldaşym.** |
| relative. | **garyndaşym.** |

> **TITLES** – Turkmens don't use titles such as "Mr." or "Mrs." among themselves. In the workplace, people are referred to by their first name plus their father's name (as a result of Russian influence). When addressing a stranger, use **"Yashuly"** or **"Aga"** (for older men) or **"Eje"** or **"Daýza"** (for older women), along with titles such as **"Professor"** for a professor, **"Mugallym"** for a teacher, **"Doktor"** for a doctor, and so on.

## —Nationality / Asly (ýerligi)

| | |
|---|---|
| Where are you from? | **Siz nireli?** |
| I am from ... | **Meniň aslym (ýerligim)...** |
| Turkmenistan | **Türkmenistandan.*** |
| America | **Amerikadan.** |
| Australia | **Awstraliýadan.** |
| Britain | **Beýik Britaniýadan.** |
| Canada | **Kanadadan.** |
| China | **Hytaýdan.** |
| England | **Angliýadan.** |

*Note that the **-dan** added to the end of each country means "from."

ç = *ch*urch    ž = era*z*ure    ň = si*ng*

| | |
|---|---|
| Germany | **Germaniýadan** (*or say:* **Men nemis.**) |
| Ireland | **Irlandiýadan.** |
| New Zealand | **Täze Zelandiýadan.** |
| Northern Ireland | **Demirgazyk Irlandiýadan.** |
| Wales | **Uelsdan.** |
| Scotland | **Şotlandiýadan.** |
| the U.S.A. | **Amerikadan.** |
| Europe | **Ýewropadan.** |
| India | **Hindistandan.** |
| Pakistan | **Päkistandan.** |
| Iran | **Eýrandan.** |
| Japan | **Ýaponiýadan.** |

| | |
|---|---|
| I am ... | **Men ...** |
| Turkmen | **türkmen** |
| American | **amerikaly** |
| Australian | **awstraliýaly** |
| British | **britaniýaly** |
| Canadian | **kanadaly** |
| Dutch | **gollandiýaly** |
| English | **iňlis** |
| German | **nemis** |
| Indian | **hindi** |
| Iranian | **eýranly** |
| Irish | **irlandiýaly** |
| Israeli | **israýylly** |
| Pakistani | **päkistanly** |
| Welsh | **uelsly** |
| Scottish | **şotlandiýaly** |

| | |
|---|---|
| Where were you born? | **Siz nirede doguldyňyz?** |
| I was born in ... | **...-da/-de doguldum.** |

## —Central Asian nationalities
### Orta azíýanyň milletleri

| | |
|---|---|
| Afghan | owgan |
| Armenian | ermeni |
| Baluchi | buluç |
| Chechen | çeçen |
| Daghestani | dagystanly |
| Georgian | gruzin |
| Jewish | ýahudy; ýewreý |
| Karakalpak | garagalpak |
| Kazakh | gazak |
| Kirghiz | gyrgyz |
| Kurdish | kürt |
| Pashto | paşto |
| Russian | rus; ors |
| Tajik | täjik |
| Tatar | tatar |
| Ukrainian | ukrain |

## —Occupations  Kär

| | |
|---|---|
| What do you do? | Haýsy işde işleýärsiňiz? |
| I am a/an ... | Men ... *or* |
| | Men ... bolup işleýärin. |
| academic | ylmy işgär |
| accountant | buhgalter; hasapçy |
| administrator | administrator |
| agronomist | agronom |
| aid worker | ynsanperwerlik kömegi gullukçysy |
| architect | arhitektor |
| artist | suratçy |
| business person | biznesmen; söwdagär |
| carpenter | agaç ussasy |
| consultant | maslahatçy |

| | |
|---|---|
| dentist | **diş doktory** |
| diplomat | **diplomat** |
| doctor | **doktor; dogtor** |
| economist | **ykdysatçy** |
| engineer | **inžener** |
| farmer | **daýhan** |
| film-maker | **kinorežissýor** |
| journalist | **habarçy; žurnalist** |
| lawyer | **aklowçy** |
| mechanic | **mehanik; maşinist; ussa** |
| negotiator | **gepleşikleri alyp baryjy** |
| nurse | **şepagat uýasy** |
| observer | **synçy** |
| officer worker | **edarada işleýän adam** |
| pilot | **pilot** |
| political scientist | **syýasat eksperti** |
| scientist | **alym** |
| secretary | **sekretar; kätip** |
| soldier | **esger** |
| student *school* | **okuwçy** |
| *university* | **student; talyp** |
| surgeon | **hirurg** |
| teacher | **mugallym** |
| telecommunications specialist | **tele aragatnaşyklar hünärmen** |
| tourist | **syýahatçy; turist** |
| writer | **ýazyjy** |

## —Age      Ýaş

How old are you?    **Ýaşyňyz näçe?**

I am ... years old.    **... ýaşymda.**

# INTRODUCTIONS

## —Family

## Maşgala

| Are you married? | male | Öýlendiňmi? or Öýli-işiklimi? |
| | female | Durmuşa çykdyňyzmy? |
| I am single. | male | Men henis öýlenemok. or Men sallah. |
| | female | Durmuşa çykamok. |
| I am married. | male | Aýalym bar. or Men öýlenen. or Maşgalam bar. |
| | female | Durmuşa çykdym. |
| I am divorced. | male | Aýalym bilen aýrylyşdym. |
| | female | Adamym bilen aýrylyşdym. |
| I am widowed. | | Ärim aradan çykdy. |

Do you have a boyfriend? **Gowy görýän ýigidiňiz barmy?**

Do you have a girlfriend? **Gowy görýän gyzyňyz barmy?**

What is his/her name? **Onuň ady näme?**

How many children do you have? **Näçe çagaňyz bar?**

I don't have any children. **Çagam ýok.**

I have a daughter. **Bir gyzym bar.**

I have a son. **Bir oglum bar.**

How many brothers do you have? **Näçe erkek doganyň bar?**

How many sisters do you have? **Näçe gyz doganyňyz bar?**

| father | | kaka |
| mother | | eje |
| grandfather | paternal | ata |
| | maternal | baba |
| grandmother | paternal | ene |
| | maternal | mama |

ç = **ch**urch      ž = era**z**ure      ň = si**ng**

**114 · Turkmen Dictionary & Phrasebook**

| | |
|---|---|
| older brother | uly erkek dogan; aga |
| younger brother | kiçi erkek dogan; oglan jigi |
| older sister | uly gyz dogan |
| younger sister | gyz jigi/uýa |
| children | çagalar |
| daughter | gyz |
| son | ogul |
| twins | ekizler |
| husband | är; adamym; adamyň; adamsy |
| wife | aýal |
| family | maşgala |
| man | erkek adam (kişi) |
| woman | aýal adam (kişi) |
| boy | oglan |
| girl | gyz |
| person | adam (kişi) |
| people | adamlar; halk; halaýyk |

## —Religion          Din

The Turkmens are Sunni Muslims. (For more; see the note on 'Religious Heritage' on page 156).

| | |
|---|---|
| What is your religion? | Siziň diniňiz näme? |
| I am (a) ... | Men... |
| Muslim | musulman; musurman |
| Buddhist | buddist; butparaz |
| Orthodox | prawoslaw |
| Christian | hristiýan |
| Catholic | katolik |
| Hindu | hindus |
| Jewish | musaýy |
| I am not religious. | Men dindar däl. |

# 4. LANGUAGE
## DIL

| | |
|---|---|
| Do you speak English? | **Iňlisçe bilyärsiňizmi?** |
| Do you speak Russian? | **Rusça bilyärsiňizmi?** |
| Do you speak German? | **Nemisçe bilyärsiňizmi?** |
| Do you speak French? | **Fransuzça bilyärsiňizmi?** |
| Do you speak Farsi? | **Parsça bilyärsiňizmi?** |
| | |
| Does anyone speak English? | **Iňlisçe bilän barmy?** |
| | |
| I speak a little ... | **Azajyk ... bilýärin.** |
| I don't speak ... | **... bilemok.** |
| | |
| I understand. | **Düşünýärin.** |
| I don't understand. | **Düşünemok.** |
| | |
| Please point to the word in the book. | **Kitapda ýazylan sözi görkeziň.** |
| Please wait while I look up the word. | **Men şol sözi tapýançam duruň.** |
| Could you speak more slowly, please? | **Biraz yuwaşrak geplän.** |
| Could you repeat that? | **Gaýtalaň, näme diýdiňiz?** |
| How do you say ... in Turkmen? | **Türkmençe ... nähili aýdylýar?** |
| | |
| What does ... mean? | **... diýeniň manysy näme?** |
| How do you pronounce this word? | **Bu söz nähili aýdylýar?** |

| I speak ... | Men ... bilýärin. |
| --- | --- |
| Turkmen | türkmençe |
| Arabic | arapça |
| Armenian | ermençe |
| Azeri | azerbaýjança |
| Chechen | çeçen dilini |
| Chinese | hytaýça |
| Danish | daniýalylar dilini |
| Dari | dariçe |
| Dutch | golland dilini |
| English | iňlisçe |
| Farsi | parsça |
| French | fransuzça |
| Georgian | gruzinçe |
| German | nemisçe |
| Greek | grek dilini |
| Italian | italýança |
| Japanese | ýaponça |
| Kazakh | gazakça |
| Kirghiz | gyrgyzça |
| Mongolian | mongol dilini |
| Pashto | paştoça |
| Russian | rusça; orsça |
| Spanish | ispança |
| Tajik | täjikçe |
| Turkish | türkçe |
| Ukrainian | ukrainça |

# 5. BUREAUCRACY
## RESMINAMALAR

| name | **at** |
|---|---|
| surname | **familiýa** |
| middle name | **atasynyň ady** |
| address | **adres; salgy** |
| date of birth | **doglan güni** |
| place of birth | **doglan ýeri** |
| nationality | **milleti** |
| age | **ýaşy** |
| sex: *male* | **erkek** |
| *female* | **aýal** |
| religion | **dini** |
| reason for travel: | **syýahatyň maksady** |
| business | **iş/biznes/telekeçilik** |
| tourism | **turizm/syýahat** |
| work | **iş** |
| personal | **şahsy** |
| profession | **hünäri** |
| marital status | **maşgala ýagdaýy** |
| single *male* | **sallah** |
| *female* | **durmuşa çykmadyk** |
| married *male* | **öýlenen** |
| *female* | **durmuşa çykan** |
| divorced | **aýrylyşan** |
| | |
| date | **sene; gün** |
| date of arrival | **gelen güni** |
| date of departure | **giden güni** |
| passport | **pasport** |
| passport number | **pasport nomeri** |
| visa | **viza** |
| currency | **pul** |

ç = *ch*urch    ž = era*z*ure    ň = si*ng*

# BUREAUCRACY

## —Ministries / Ministrlikler

| | |
|---|---|
| Ministry of Agriculture | **Oba hojalyk ministrligi** |
| Ministry of Defense | **Goranmak ministrligi** |
| Ministry of Education | **Bilim ministrligi** |
| Ministry of Foreign Affairs | **Daşary işler ministrligi** |
| Ministry of Health | **Saglygy goraýyş we derman senagaty ministrligi** |
| Ministry of Home Affairs | **Içeri işler ministrligi** |
| Ministry of Justice | **Adalat ministrligi** |

| | |
|---|---|
| Is this the correct form? | **Gerekli blank şumy?** |
| What does this mean? | **Munuň manysy näme?** |
| Where is ...'s office? | **...-nyň/-niň edarasy nirede?** |
| Which floor is it on? | **Näçenji gatda?** |
| Does the lift work? | **Lift işleýärmi?** |
| Is Mr./Ms... . in? | **... barmy?** |
| Please tell him/her that I am here. | **Oňa gelendigimi aýtsaňyzlaň. Men şu taýda/ýerde.** |
| I can't wait, I have an appointment. | **Garaşmaga ýagdaýym ýok; biri bilen duşuşmaly.** |
| Tell him/her that I was here. | **Oňa meniň gelip gidendigimi aýdyň.** |

# 6. TRAVEL
## SYÝAHAT

> **PUBLIC TRANSPORT** — Ashgabat has bus, trolleybus and minibus transport systems. There are numerous minibuses called **marşrutka**, which stop at pre-determined pickup points. You pay the driver or his assistant as you get out. Buses are reliable and leave from specially designated areas. Intercity buses usually wait to collect the most possible number of passengers. Travel is also available by train. Bicycles and motorbikes are not difficult to find but they are not used much in city areas.

| | |
|---|---|
| What time does the ... arrive/leave? | **... haçan gelýär/ugraýar?** |
| the airplane | **samolýot/uçar** |
| the boat | **gämi** |
| the bus | **awtobus** |
| the train | **otly** |
| the street car | **trolleybus** |

| | |
|---|---|
| The plane is delayed/cancelled. | **Samolýot gijä galýar.** *or* **Reýs yza çekilipdir.** |
| The train is delayed/cancelled. | **Otly gijä galýar.** |
| How long will it be delayed? | **Ol näçe sagat gijä galyp geler?** |
| There is a delay of ... minutes/hours | **... minut/sagat gijä galar.** |

| | |
|---|---|
| Excuse me, where is the ticket office? | **Bilet satylýan kassa niredekä?** |
| Where can I buy a ticket? | **Bileti nirede satyn alyp bilerin?** |
| I want to go to ... | **Men ...-a/-e gitmekçi.** |

ç = *ch*urch    ž = era*z*ure    ň = si*ng*

| | |
|---|---|
| want a ticket to ... | **Men ...-a/-e bilet almakçy.** |
| would like ... | **Men ... almakçy.** |
| a one-way ticket | **gidiş biletini** |
| a return ticket | **gaýdyş biletini** |
| first class | **birinji klas** |
| second class | **ikinji klas** |
| business class | **biznes klas** |
| Do I pay in dollars or in manat? | **Dollar bilen tölemelimi ýa manat bilen?** |
| You must pay in manat. | **Manat bilen tölemeli.** |
| You must pay in dollars. | **Dollar bilen tölemeli.** |
| You can pay in either. | **Tapawudy ýok.** |
| Can I reserve a place? | **Bir ýeri/orny/ belledip goýsam bolarmy?** |
| How long does the trip take? | **Näçe sagatda bararys?** |
| Is it a direct route? | **Durman gidýärmi?** |

## —Air / Howa ýollary

| | |
|---|---|
| Is there a flight to ... ? | **...-a/-e samolýot barmy?** |
| When is the next flight to ... ? | **...-a/-e indiki samolýot haçan uçýar?** |
| How long is the flight? | **Näçe sagatda barýar?** |
| What is the flight number? | **Näçenji (haýsy) reýs?** |
| You must check in at ... | **Sagat ...-da/-de bilete bellik etdirmeli (registra-siýadan geçmeli).** |
| Is the flight delayed? | **Samolýot gijä galýarmy?** |
| How many hours is the flight delayed? | **Uçuş näçe sagat gijä galdyrylýar/yza çekilýär?** |

§ = ship    ý = yet

**Turkmen Dictionary & Phrasebook · 121**

| | |
|---|---|
| Is this the flight for ... ? | **Şu ...-a/-e uçýan samolýotmy?** |
| Is that the flight from ... ? | **Şu ...-dan/-den gelen samolýotmy?** |
| When is the Moscow flight arriving? | **Samolýot Moskwadan haçan gelýär?** |
| Is it on time? | **Wagtynda gelermi?** |
| Is it late? | **Giýç gelermi?** |
| Do I have to change planes? | **Men başga samolýoda münmelimi/geçmelimi?** |
| Has the plane left Moscow yet? | **Moskwa uçýan samolýot eýýäm gitdimi/ugradymy?** |
| What time does the plane take off? | **Samolýot haçan uçýar?** |
| What time do we arrive in Moscow? | **Moskwa haçan bararys?** |
| excess baggage | **artyk bagaž** |
| international flight | **halkara reýs** |
| domestic flight | **içki reýs** |

## —Bus — Awtobus

| | |
|---|---|
| bus stop | **duralga; ostanowka** |
| Where is the bus stop/station? | **Ostanowka/awtostansiýa nirede?** |
| Take me to the bus station. | **Meni awtostansiýa äkidiň.** |
| Which bus goes to ... ? | **Haýsy awtobus ...-a/-e gidýär?** |
| Does this bus go to ... ? | **Şu awtobus ...-a/-e gidýärmi?** |
| How often do buses pass by? | **Awtobuslar ýygy-ýygydan gelip durmy?** |

ç = *ch*urch  ž = era*z*ure  ň = si*ng*

| | |
|---|---|
| What time is the ... bus? | ...-a/-e gidýän awtobus haçan bolar? |
| next | indiki |
| first | birinji |
| last | soňky |

| | |
|---|---|
| Will you let me know when we get to ... ? | Biz ...-a/-e ýetenimizde (baranymyzda) maňa aýdyp bilersiňizmi? |

| | |
|---|---|
| Stop, I want to get off! | Duruň! Men düşeýin (düşmeli). |

| | |
|---|---|
| Where can I get a bus to ... ? | ...-a/-e gidýän awtobusa nirede çyksam bolýar? |
| When is the first bus to ... ? | ...-a/-e gidýän birinji awtobus haçan bolar? |
| When is the last bus to ... ? | ...-a/-e gidýän iň soňky awtobus haçan gelýär? |
| When is the next bus to ... ? | ...-a/-e gidýän indiki awtobus haçan bolar? |
| Do I have to change buses? | Men başga awtobusa geçmelimi? |

| | |
|---|---|
| I want to get off at ... | Men ...-da/-de düşmeli. |
| Please let me off at the next stop. | Indiki ostanowka (duralga) ýetenimizde aýdaweriň. |

| | |
|---|---|
| Please let me off here. | Şol ýerde düşýärin. |

| | |
|---|---|
| How long is the journey? | Köp ýöremelimi? *or* Daşmy? |
| What is the fare? | Näçe tölemeli? |

| | |
|---|---|
| I need my luggage, please. | Sumkalarymy almakçy. |
| That's my bag. | Ana şol sumka meniňki. |

## —Rail

Passengers must ...
    change trains.
    change platforms.

Is this the right platform for ... ?

The train leaves from platform ...

Is there a timetable?

Take me to the railway station.

Which platform should I go to?
    platform one/two

You must change trains at ...

Where can I buy tickets?

Will the train leave on time?

There will be a delay of ... minutes.

There will be a delay of ... hours.

## Demír ýol

Ýolagçylar...
    başga otla geçmeli.
    başga perrona geçmeli.

Bu ...-a/-e gidýän perronmy?

Otla ... perrondan çykylýar.

Gidiş-geliş wagtynyň sanawy barmy?

Meni wokzala äkidiň.

Men haýsy perrona barmaly/geçmeli?
    birinji/ikinji perrona

...-da/-de başga otla geçmeli.

Bileti nireden satyn alyp bilerin?

Otly wagtynda gidýärmi?

... minut gijä galýar.

... sagat gijä galýar.

## —Taxí

## Taksy

Some taxis are marked, but others are not. You can also wave down and negotiate a fare with any private car willing to go your way, although this is not always safe. To avoid unpleasant surprises, agree to fares in advance. It is useful to be able to tell the driver your destination in Turkmen or

Russian (or have it written down on a piece of paper). Be warned, however, that some drivers will have as little idea as you as to the precise whereabouts of your destination. A reliable option is to call up one of the growing number of radio taxi companies. These are found in the main cities. There is one main telephone number for radio taxis in each city, where you can call and book for a definite time.

| | |
|---|---|
| Taxi! | **Taksy!/Takys!** |
| Where can I get a taxi? | **Taksa nirede çyksam bolar?** |
| Please could you get me a taxi. | **Maňa taksy tutup/ çagyryp berseňizläň!** |
| Can you take me to ... ? | **Meni ...-a/-e äkidip bilersiňizmi?** |
| Please take me to ... | **Meni ...-a/-e äkitseňizläň!** |
| How much will it cost to ... ? | **...-a/-e näçä (näçe manada) gidersiň?** |
| To this address, please. | **Şol adrese äkidiň.** |
| Turn left. | **Çepe sürüň.** |
| Turn right. | **Saga sürüň.** |
| Go straight ahead. | **Dogry sürüň.** |
| Stop! | **Duruň!** |
| Don't stop! | **Durmaň!** |
| I'm in a hurry. | **Howlukýaryn.** |
| Please drive more slowly! | **Yuwaş sürüň!** |
| Here is fine, thank you. | **Şu taýý barmaly ýerim, taňry ýalkasyn!** |
| The next corner, please. | **Köçäň indiki burçuna çenli süreweriň!** |
| The next street to the left. | **Çep tarapdaky indiki köçä çenli.** |
| The next street to the right. | **Sag tarapdaky indiki köçä çenli.** |
| Stop here! | **Şu ýerde duruň!** |

ş = *ship*   ý = *yet*

| | |
|---|---|
| Stop the car, I want to get out. | Maşyny saklaň (durzuň), men düşmeli. |
| Please wait here. | Şu ýerde garaşyp duruberiň. |
| Take me to the airport. | Meni aeroporta äkidiň. |

## General phrases — Esasy aňlatmalar

| | |
|---|---|
| I want to get off at ... | Men...-da/-de düşmeli/ düşmekçi. |
| Excuse me! | Bagyşlaň! |
| Excuse me, may I get by? | Bagyşlaň, men geceýin! |
| These are my bags. | Bular meniň sumkalarym. |
| Please put them there. | Şu ýerde goýuň. |
| Is this seat free? | Şu ýer boşmy? |
| I think that's my seat. | Şu meniň ýerim bolmaly öýdýän. |

## —Extra words — Goşmaça sözler

| | |
|---|---|
| airport | aeroport |
| airport tax | aeroport salgydy |
| ambulance | tiz kömek maşyny |
| arrivals | gelýän samolýotlaryň sanawy |
| baggage counter | goşlar saklanýan ammar |
| bicycle | tigir; welosiped |
| boarding pass | münmek üçin talon |
| boat | gämi |
| bus stop | ostanowka; duralga |
| car | maşyn |
| check-in counter | bellige alynýan ýer |
| check-in | belige alyş |
| closed | ýapyk |
| customs | gümrükhana |

| | |
|---|---|
| delay | gijä galma; gijä galyş |
| departures | gidiş (uçýan samolýotlar) sanawy |
| dining car | wagon-restoran |
| emergency exit | ätiýaçlyk çykalgasy |
| entrance | girelge |
| exit | çykalga |
| express | ekspres; derhal |
| ferry | parom |
| 4 -wheel drive | jip |
| information | maglumat; habar |
| ladies/gents | aýallar; erkekler |
| local | ýerli |
| helicopter | wertolýot; dikuçar |
| horse and cart | at arabasy |
| motorbike | motosikl; motor |
| no entry | girmek gadagan |
| no smoking | çilim çekmek gadagan |
| open | açyk |
| platform number | perron nomeri |
| railway | demir ýol |
| railway station | wokzal |
| reserved | belledilip goýlan (ýer) |
| radio taxi | radioly taksy |
| road | ýol |
| sign | belgi; nyşan; ýazgy |
| sleeping car | ýatylýan wagon |
| telephone | telefon |
| ticket office | kassa |
| timetable | wagtyny görkezýän sanaw |
| toilet(s) | hajathana/tualet |
| town center | şäher merkezi |
| train station | wokzal |
| trolley bus | trolleýbus |

# 7. ACCOMMODATION
## ÝERLEŞME

The main hotels, which are mostly in Ashgabat, Mary, Turkmenbashy, Turkmenabad, Balkanabad, and Dashoguz provide service comparable to U.S./European standards. You will find that room service is not always available, and breakfast or other meals may have to be negotiated and paid for separately. An excellent option in more rural areas is to have your accommodation arranged at a private house, where traditional hospitality will guarantee that you are well looked after and, as always in Turkmenistan, well-fed.

| | |
|---|---|
| I am looking for a ... | **Men ... gözleýärin.** |
| guesthouse | **myhmanhana** |
| hotel | **otel** |
| hostel | **umumy ýatak (ýaşaýyş) jaýy** |
| Is there anywhere I can stay for the night? | **Bir gijelik ýer barmy?** |
| Where is ... | **Nirede ... bar?** |
| a cheap hotel | **arzan myhmanhana** |
| a good hotel | **gowy myhmanhana** |
| a nearby hotel | **ýakyn myhmanhana** |
| a clean hotel | **arassa myhmanhana** |
| What is the address? | **Adresi näme?** |
| Could you write the address please? | **Adresini ýazyp berip bil ermisiňiz?** |

## At the hotel

**Myhmanhanada**

| | |
|---|---|
| Do you have any rooms free? | **Boş otaglaryňyz barmy?** |
| I would like ... | **Men ... almakçy.** |
| a single room | **bir adamlyk otag** |
| a double room | **iki adamlyk otag** |

# ACCOMMODATION

| | |
|---|---|
| We'd like a room. | Bize ýeke otag gerek. |
| We'd like two rooms. | Bize iki otag gerek. |
| I want a room with ... | Maňa ... otag gerek. |
| a bathroom | hajathanaly |
| a shower | duşly |
| a television | telewizorly |
| a window | äpişgeli |
| a double bed | iki adamlyk krowatly |
| a balcony | balkonly |
| a view | gowy ýerler görnüp duran |
| I want a room that's quiet. | Sessiz rahat otag gerek. |
| How long will you be staying? | Siz näçe gün bolmakçy? |
| How many nights? | Näçe gije bolmakçy? |
| I'm going to stay for ... | Men ... boljak. |
| one day | bir gije |
| two days | iki gije |
| one week | bir hepde |
| Do you have any I.D.? | Dokumentiňiz barmy? |
| Sorry, we're full. | Bagyşlaň; bizde ýer ýok. |
| I have a reservation. | Ýeri belledip goýdym. |
| My name is ... | Adym ... |
| May I speak to the manager, please? | Direktor bilen gepleşsem bolarmy? |
| I have to meet someone here. | Men şu taýda biri bilen duşuşmaly. |
| How much is it per night/ per person? | Bir adam üçin/bir gijesine näçe pul tölemeli? |
| How much is it per week? | Bir hepdesine näçe pul tölemeli? |
| It's ... per day/per person. | Bir adam üçin/bir günlüge ... manat. |

| | |
|---|---|
| Can I see it? | **Görsem bolýarmy?** |
| Are there any others? | **Başgasy ýokmy?** |
| Is there ... ? | **... barmy?** |
| air conditioning | **konditsioner** |
| a telephone | **telefon** |
| hot water | **gyzgyn suw** |
| laundry service | **kir ýuwup bermek hyzmaty** |
| room service | **otagy arassalamak hyzmaty** |

| | |
|---|---|
| No, I don't like it. | **Ýok, men muny halamok.** |
| It's too ... | **Örän ...** |
| cold | **sowuk** |
| hot | **yssy** |
| big | **uly** |
| dark | **garaňky** |
| small | **kiçi** |
| noisy | **galmagally** |
| dirty | **hapa** |
| It's fine, I'll take it. | **Gaty gowy, bolýar.** |

| | |
|---|---|
| Where is the bathroom? | **Wanna nirede?** |
| Is there hot water all day? | **Günuzyn gyzgyn suw bolýarmy?** |
| Do you have a safe? | **Seýfiňiz barmy?** |
| Is there anywhere to wash clothes? | **Kir ýuwar ýaly ýer barmy?** |
| Can I use the telephone? | **Telefon etsem bolarmy?** |

## —Needs

## Gerekli zatlar

| | |
|---|---|
| I need ... | **Maňa ... gerek.** |
| candles | **şem** |
| toilet paper | **tualet kagyzy** |
| soap | **sabyn** |

ç = *ch*urch    ž = era*z*ure    ň = si*ng*

# ACCOMMODATION

| | |
|---|---|
| clean sheets | arassa prostyn |
| an extra blanket | ýene bir odeýal |
| drinking water | agyz suwy |
| a light bulb | lampa |
| Please change the sheets. | Prostynlary çalşaweriň! |

| | |
|---|---|
| I have lost my key. | Açarymy ýitirdim. |
| Can I have the key to my room? | Otagymyň açaryny alsam bolýarmy? |
| I can't open/close the window. | Äpişgäni açyp/ýapyp bilemok. |
| The toilet won't flush. | Tualet işlänok. |
| The water has been cut off. | Suw ýatdy/kesildi. |
| The electricity has been cut off. | Tok öçdi/ýatdy. |
| The gas has been cut off. | Gaz ýok. |
| The heating has been cut off. | Otoplenie ýatyryldy. |
| The heater doesn't work. | Batareý işlänok. |
| The air conditioning doesn't work. | Kondisioner işlänok. |
| The phone doesn't work. | Telefon işlänok. |
| I can't flush the toilet. | Tualetda suw akanok. |
| The toilet is blocked. | Tualetda turba dykylypdyr/bitipdir. |
| I can't switch off the tap. | Krany ýapyp bilemok. |
| I need a plug for the bath. | Wanna dyky gerek. |
| Where is the plug socket? | Rozetka nirede? |

| | |
|---|---|
| wake-up call | oýarmak üçin jaň etmek |
| Could you please wake me up at ... o'clock. | Meni sagat ...-da/-de oýadyň. |

| | |
|---|---|
| I am leaving now. | Men gitmekçi. |
| We are leaving now. | Biz gitmekçi. |
| May I pay the bill now? | Häzir tölesem bolýarmy? |

ş = ship   ý = yet
**Turkmen Dictionary & Phrasebook · 131**

# ACCOMMODATION

## —Extra words | Goşmaça sözler

| | |
|---|---|
| bathroom | tualet; hajathana |
| bed | krowat |
| blanket | odeýal |
| candle | şem |
| chair | stul |
| cold water | sowuk suw |
| cupboard | şkaf |
| door lock | gulp |
| electricity | tok |
| excluded | ...-a/-e girenok |
| fridge | holodil'nik |
| hot water | gyzgyn suw |
| included | ...-içinde; ...-içine girýär |
| key | açar |
| laundry service | kir ýuwmak hyzmaty |
| mattress | matras; düşekçe |
| meals/food | nahar |
| mirror | aýna |
| name | at |
| noisy | galmagally |
| padlock | asma gulp |
| pillow | ýassyk |
| plug (bath) | dyky |
| plug (electric) | ştepsel wilkasy |
| quiet | dynç; rahat |
| room | otag |
| room number | otag nomeri |
| sheet | prostyn |
| shower | duş |
| suitcase | çemedan |
| surname | familiýa |
| table | stol |
| towel | polotense |
| water | suw |
| window | äpişge |

ç = *ch*urch    ž = era*z*ure    ň = si*ng*

# 8. FOOD & DRINK
## IÝMEK-IÇMEK

Food plays an important part in Turkmen life, and important events in all aspects of life and the seasons are marked with food of different kinds. Food is also part of Turkmen hospitality: it is both the host's duty to make sure his guests are eating and the guest's duty to partake of what is offered. Pilau is king in Turkmen cuisine; and new guests are traditionally offered this dish above all others.

| | |
|---|---|
| breakfast | **ertirlik nahar** |
| lunch | **günortanlyk nahar** |
| dinner; supper | **agşamlyk nahar** |

**MEALS** — Turkmens do not use separate names for meals as in English. Breakfast is referred to as "tea", as in **"çaý içmäge geliň!"** (lit. "come to drink tea!") though this could refer to any other teatime. Lunch and dinner are usually just called **nahar** ("food"), though lunch is also called **obed** (a Russian word). The verb **naharlanmak** refers to eating lunch, dinner, or any other large meal.

| | |
|---|---|
| I'm hungry. | **Ajykdym.** |
| I'm thirsty. | **Suwsadym.** |
| Have you eaten yet? | **Nahar iýdiňizmi?** or **Naharlandyňyzmy?** |
| Do you know a good restaurant? | **Gowy restoran nirede, bilyärsiňizmi?** |
| Do you have a table, please? | **Boş stol barmy?** |
| Do you have a table for ... people? | **... adamlyk stol barmy?** |
| Can I see the menu please? | **Menyuny görsem bolýarmy?** |
| I'm still looking at the menu. | **Menýuwa seredip otyryn.** |

ş = ship    ý = yet
**Turkmen Dictionary & Phrasebook · 133**

# FOOD & DRINK

| | |
|---|---|
| I would like to order now. | **Nahary buýurmakçy.** |
| What's this? | **Bu näme?** |
| Is it spicy? | **Ajymy?** |
| Does it have meat in it? | **Içinde et barmy?** |
| Does it have alcohol in it? | **Içinde spirt barmy?** |
| Do you have ... ? | **... barmy?** |
| We don't have ... | **... ýok.** |
| What would you recommend? | **Näme maslahat berýäňiz?** |
| Do you want ... ? | **... iýjekmi?/aljakmy?** |
| Can I order some more ... ? | **Ýene ... alyp bolýarmy?** |

| | |
|---|---|
| That's all, thank you. | **Boldy; taňry ýalkasyn!** |
| That's enough, thanks. | **Şular ýeterlik; sag boluň.** |
| I haven't finished yet. | **Heniz iýip bolamok.** |
| I have finished eating. | **Iýip boldym.** |
| I am full up! | **Doýdum!** |
| Where are the toilets? | **Tualet/hajathana nirede?** |

| | |
|---|---|
| I am a vegetarian. | **Etli nahar iýemok, men wegetarian.** |
| I don't eat meat. | **Et iýemok.** |
| I don't eat pork. | **Doňuz etini iýemok.** |
| I don't eat chicken or fish. | **Towuk bilen balyk iýemok.** |

---

**CULTURAL NOTE** — While in the West it is perfectly OK to state dietary preferences; in Turkmen society this could be interpreted as an insult to the host: you are in effect telling them that the food isn't good enough for you. In traditional Turkmen society (and many other Asian societies) people will be baffled that someone would voluntarily choose not to eat meat. When a guest at someone's house, it's better to say that you have medical reasons for doing so.

---

| | |
|---|---|
| I don't drink alcohol. | **Içgi içemok.** |
| I don't smoke. | **Çilim çekemok.** |

| I would like ... | ... alyp beriň. |
|---|---|
| an ashtray | küldan |
| the bill | kwitansiýa |
| a glass of water | bir stakan suw |
| a bottle of water | bir çüýşe suw |
| a bottle of wine | bir çüýşe çakyr |
| a bottle of beer | bir çüýşe piwo |
| another bottle | ýene bir çüýşe |
| a bottle opener | çüýşäň agzyny açýan |
| a corkscrew | dykyny aýyrýan |
| dessert | nazy-nygmat |
| a *(non-alcoholic)* drink | içer ýaly bir zat |
| a fork | dürtgüç/wilka |
| another chair | ýene bir stul |
| another plate | ýene bir tarelka |
| another glass | ýene bir stakan |
| another cup | ýene bir käse/pyýala |
| a napkin | salfetka |
| a glass | stakan |
| a knife | pyçak |
| a plate | tarelka |
| a samovar | semawar |
| a spoon | çemçe |
| a table | stol |
| a teaspoon | çaý çemçesi |
| a toothpick | diş synçgalýan |

| | |
|---|---|
| fresh | ter; täze |
| spicy (hot) | ajy |
| stale | gaty; täze däl |
| sour | turşy |
| sweet | süýji |
| bitter | ajy |
| hot | gyzgyn |
| cold | sowuk |
| salty | duzly; şor; zorly |

ş = *ship*     ý = *yet*

# FOOD & DRINK

| | |
|---|---|
| bad | **erbet** |
| spoiled | **isrip bolan** |
| tasty | **süýji** |
| too much | **köp** |
| too little | **az** |
| not enough | **ýeterlik däl** |

## —Food **Iýmit**

| | |
|---|---|
| bread | **çörek; nan** |
| candy | **kemput; süýji** |
| caviar | **işbil** |
| cheese | **peýnir** |
| chewing gum | **sakgyç** |
| egg | **ýumurtga** |
| flour | **un** |
| french fries | **gowrulan kartoşka** |
| hamburger | **gamburger** |
| honey | **bal** |
| ice-cream | **buzgaýmak; morožny** |
| ketchup | **ketçup** |
| mustard | **gorçisa** |
| nut | **hoz** |
| oil | **ýag** |
| pasta | **aş önümleri; makaron** |
| black pepper | **gara burç** |
| hot pepper | **ajy burç** |
| pizza | **pitsa** |
| salad | **salat** |
| salt | **duz** |
| sandwich | **buterbrod** |
| soup | **çorba** |
| sugar | **gant; şeker** |
| vinegar | **uksus; sirke** |
| yogurt | **gatyk; ýogurt** |

ç = *ch*urch    ž = era*z*ure    ň = si*ng*

# FOOD & DRINK

RICE — When uncooked, rice is called **tüwi**. All cooked rice becomes pilau (**palaw**) or something else in Turkmen cooking, since it's not eaten as plain white rice.

## —Vegetables    Ösümlíker

| | |
|---|---|
| beetroot | şugundyr |
| carrot | käşir |
| cucumber | hyýar |
| potato | kartoşka; ýeralma |
| pepper | burç |
| tomato | pomidor |
| vegetables | gök önümler |
| | (käşir-sogan) |

## —Fruit    Míwe

| | |
|---|---|
| apple | alma |
| grape | üzüm |
| lemon | limon |
| melon | gawun |
| orange | apelsin |
| peach | şetdaly |
| plum | garaly |
| raspberry | malina |
| sour plum | turşy garaly |
| strawberry | ýer tudanasy |
| watermelon | garpyz |
| persimmon | hurma |

## —Meat    Et

| | |
|---|---|
| beef | sygyr eti |
| chicken | towuk |
| fish | balyk |
| kebab | kebap |
| lamb | goýun eti |
| pork | doňuz eti |
| sausage/hot dog | sosiska |

ş = ship    ý = yet

# FOOD & DRINK

## —Drinks / Içgiler

| | |
|---|---|
| alcoholic drink | alkogolly içgi |
| beer | piwo |
| bottle | çüýşe |
| brandy | konýak |
| can | banka |
| champagne | şampan |
| coffee | kofe |
| coffee with milk | süýtli kofe |
| cognac | konýak |
| fruit juice | miwe suwy; miwe sogy |
| ice | buz |
| milk | süýt |
| mineral water | mineral suw |
| tea | çaý |
|    tea with lemon | limonly çaý |
|    tea with milk | süýtli çaý |
| no sugar, please | şekersiz |
| vodka | arak |
| whisky | wiski |
| wine | çakyr |
|    red wine | gyzyl çakyr |
|    sparkling wine | gazly çakyr |
|    white wine | ak çakyr |

# FOOD & DRINK

## More on food and drink . . .

Food in Turkmenistan is a great discovery for the visitor. Each part of Turkmenistan has its unique cuisine with its own special flavor. There is a wide variety of rice and noodle based dishes, and several varieties of soups. Some dishes are obviously Iranian or Afghan in origin. Some common specialities include:

**palaw** — pilau rice made from lamb or beef cooked with carrots, onions, and spices, especially garlic and cumin.

**börek** — wonton dumplings served with either tomato or yoghurt.

**dolama** – grape leaves, cabbage, or peppers stuffed with ground lamb and spices.

**gutap/somsa** — small oven-baked meat pies filled with meat, onions and fat.

**manty** — steamed meat pies, like big gyoza.

**buglama** — meat, potatoes and vegetables steamed in their own juices.

**lagman** — long noodles served in soup.

Accompanying the above will be seasonal greens and other finger food. Finish off your meal with fruit — Turkmenistan is famous for its melons and grapes — all washed down with the ubiquitous tea.

**ALCOHOL** — Alcohol is drunk commonly, but one may encounter disapproval in some cases for religious reasons, which should be respected. Once started, though, you will be asked to drink more and more! If you do not want to drink, it is best not to start, perhaps by claiming you have an ulcer or religious restriction.

**FEASTS** — Turkmens have developed a finely tuned tradition of feasting through parties or banquet. Course after course is brought to a low table around which the diners sit or a cloth spread on the floor; called a **saçak**. The only essential phrase to know here: **"Hoş geldiñiz!"** – "Welcome!" Each meal (or any other gathering) ends with a small prayer or **Fatiha**, during which everyone holds out his or her hands, then strokes his or her face before getting up to leave.

# 9. DIRECTIONS
## YOL SORAMAK

| Where is ... ? | ... nirede? |
|---|---|
| the academy | akademiýa |
| the airport | aeroport |
| the art gallery | sungat galereýasy/ sergisi |
| a bank | bank |
| the church | ybadathana/buthana |
| the city center | şäher merkezi |
| the consulate | konsulhana |
| the ... embassy | ... ilçihanasy |
| the hotel | myhmanhana |
| the information office | salgyberiş edarasy |
| the main square | seýilgäh |
| the market | bazar |
| the Ministry of ... | ... ministrligi |
| the mosque | metjit |
| the museum | muzeý |
| parliament | parlament |
| Turkmen parliament | Mejlis |
| the police station | milisiýa |
| the post office | poçta edarasy |
| the train station | wokzal |
| the synagogue | senagog |
| the telephone center | telefon merkezi/ telegraf |
| a toilet | tualet; hajathana |
| the university | uniwersitet |
| What ... is this? | Şu haýsy ...? |
| bridge | köpri |
| building | jaý; bina |

| | |
|---|---|
| city | şäher |
| district | raýon; etrap |
| river | derýa |
| road | ýol |
| street | köçe |
| town | şäher |
| village | oba |

| | |
|---|---|
| What is this building? | Bu jaý näme? |
| What is that building? | Ol jaý näme? |
| What time does it open? | Haçan açylýar? |
| What time does it close? | Haçan ýapylýar? |

| | |
|---|---|
| Can I park here? | Maşynymy şol taýda goýsam bolýarmy? |

| | |
|---|---|
| Are we on the right road for ... ? | Bu ýol ...-a/-e gidýärmi? |
| How many kilometers is it to ... ? | ...-a/-e çenli näçe kilometr? |
| It is ... kilometers away. | ... kilometr bar. |
| How far is the next village? | Indiki oba daşmy? |

| | |
|---|---|
| Where can I find this address? | Şol adres nirede? |
| Can you show me on the map? | Kartada görkezip bilýäň(iz)mi? |
| I want to go to ... | ...-a/-e gitmekçi. |
| Can I walk there? | Pyýada gitsem bolarmy? |

| | |
|---|---|
| Is it far? | Daşmy? |
| Is it near? | Ýakynmy? |
| Is it far from/near here? | Şu taýdan daşmy? |

| | |
|---|---|
| It is not far. | Daş däl. |
| Go straight ahead. | Dogry gidiberiň. |

# DIRECTIONS

| | |
|---|---|
| Turn left. | **Çepe sürüň.** |
| Turn right. | **Saga sürüň.** |
| at the next corner | **mundan soňky burçda** |
| at the traffic lights | **swetoforda** |
| | |
| behind | **... arkasynda** |
| far | **daş** |
| in front of | **... öňünde** |
| left | **çep (tarap)** |
| near | **ýakyn** |
| opposite | **... aňyrsynda** |
| right | **sag (tarap)** |
| straight on | **dogry** |
| | |
| bridge | **köpri** |
| corner | **burç** |
| crossroads | **çatryk** |
| one-way street | **bir ugurly ýol** |
| | |
| north | **demirgazyk** |
| south | **günorta** |
| east | **gündogar** |
| west | **günbatar** |

# 10. SHOPPING
## SATYN ALYŞ

| | |
|---|---|
| Where can I find a ... ? | **... nirede tapyp bilerin?** |
| Where can I buy ... ? | **... nirede satyn alyp bilerin?** |
| Where's the market? | **Bazar nirede?** |
| Where's the nearest ... ? | **iň ýakyn ... nirede?** |
| Can you help me? | **Maňa kömek edip bilersiňizmi?** |
| Can I help you? | **Size näme gerek?** |
| I'm just looking. | **Diňe (şeýle) seredýän.** |
| I'd like to buy ... | **Men ...satyn almakçy.** |
| Could you show me some ... ? | **Maňa ... görkezip bilersiňizmi?** |
| Can I look at it? | **... görsem bolýarmy?** |
| Do you have any ... ? | **... barmy?** |
| This. | **şu** |
| That. | **şol** |
| I don't like it. | **Maňa ol ýaranok.** or **Men ony halamok.** |
| I like it. | **Maňa şu ýaraýar.** |
| Do you have anything cheaper? | **Arzanragy barmy?** |
| cheaper/better | **arzanrak/gowurak** |
| larger/smaller | **ulyrak/kiçiräk** |
| Do you have anything else? | **Ýene başga zatlar barmy?** |
| Do you have any others? | **Başgasy barmy?** |
| Sorry, this is the only one. | **Ýok, mundan başgasy ýok.** |

| | |
|---|---|
| I'll take it. | **Bolýar; alýaryn.** |
| How much/many do you want? | **Näçe almakçy?** |
| How much is it? | **Näçe pula durýar?** or **Näden?** or **Bahasy näçe?** |
| Can you write down the price? | **Bahasyny ýazyp berip bilermisiňiz?** |
| Could you lower the price? | **Arzanrak berip bileňzokmy?** or **Bahasyny aşak düşüp bilmermisiňiz?** |
| I don't have much money. | **Pulum köp/kän däl.** or **Pulum azrak.** |
| Do you take credit cards? | **Kredit kartlaryny/ kartoçkalaryny alýarmysyňyz?** |
| Would you like it wrapped? | **Dolap bereýinmi?** |
| Will that be all? | **Ýene başga zat aljakmy?** or **Boldumy?** |
| Thank you, goodbye! | **Taňry ýalkasyn, sag boluň!** |
| I want to return this. | **Muny yzyna gaýtarmakçy.** |

## —Outlets    Dükanlar

| | |
|---|---|
| auto supply store | **ätiýaçlyk şaýlar dükany; zapças dükany** |
| bakery | **çörek dükany** |
| bank | **bank** |
| barber shop | **dellekhana** |
|   I'd like a haircut, please. |   **Saçymy gysgsltmakçy.** |
| bookstore | **kitap dükany** |
| butcher shop | **et dükany** |
| pharmacy | **dermanhana** |

| | |
|---|---|
| clothing store | **geýim-gejim magazini** |
| dairy goods store | **süýt önümleri dükany** |
| dentist | **diş doktory** |
| department store | **Uniwermag** |
| dressmaker | **tikinji** |
| electrical goods store | **elektrik enjamlary magazini** |
| florist | **gül satylýan dükan** |
| greengrocer | **gök önümler dükany** |
| haircut/hairdo | **priçoska** |
| hairdresser | **aýallar dellekhanasy** |
| hardware store | **hojalyk harytlary magazini** |
| hospital | **hassahana; keselhana** |
| kiosk | **kiosk** |
| laundry room | **kir ýuwulýan otag** |
| market | **bazar** |
| newsstand | **gazet satylýan kiosk** |
| shoeshop | **aýakgap dükany** |
| shop | **dükan** |
| souvenir shop | **ýadygärlik dükany** |
| stationery shop | **kanselýariýa harytlary dükany** |
| supermarket | **supermarket** |
| travel agent | **syýahat agentligi** |
| vegetable shop | **gök önumler dükany** |
| watchmaker's | **sagat ussasy/sagat bejerilýän ýer** |

## —Gifts          Sowgatlar

**RUGS** — The best place to buy rugs is Tolkuçka, where you can find fine works of Turkmen rugs. They are cheaper that at special shops in the city. Also in Tolkuçka you can find more variations of rugs, from different regions of Turkmenistan. After buying a rug you have to take it to the government office called Turkmen Haly, usually based in the center of Ashgabat at the Museum of Rugs.

ş = ship      ý = yet

| | |
|---|---|
| boots | **botinka; ädik** |
| soleless leather boots | **mesi** |
| box | **gapyrçak; korobka** |
| bracelet | **bilezik** |
| brooch | **broşka** |
| candlestick | **şemdan** |
| carpet | **haly** |
| chain | **zynjyr** |
| clock | **sagat** |
| copper | **mis** |
| crystal | **hrustal** |
| earrings | **gulak halka** |
| gold | **gyzyl; altyn; tylla** |
| handicraft | **el işi** |
| headscarf | **alyndaňy; ýaglyk** |
| iron | **demir** |
| jade | **agat; nefrit** |
| jewelry | **şaý-sep** |
| kilim | **kilim;** *big* **palas** |
| leather | **deri** |
| metal | **metal** |
| modern | **häzirki zaman; täze** |
| necklace | **monjuk** |
| pottery | **küýze** |
| ring | **ýüzük** |
| rosary | **bägül çemeni; bir desse bägül** |
| silver | **kümüş** |
| steel | **polat** |
| stone | **daş** |
| traditional | **däbe öwrülen** |
| turban | **selle** |
| vase | **waza** |
| watch | **sagat** |
| wood | **agaç** |
| wooden | **agaçdan ýasalan** |

ç = *ch*urch    ž = era*z*ure    ň = si*ng*

## —Clothes    Egín-eşík

| | |
|---|---|
| bag | sumka |
| belt | guşak; kemer |
| boots | botinka; ädik |
| cotton | pagta |
| dress | köýnek |
| gloves | ellik |
| handbag | sumka |
| hat | şylýapa; telpek |
| jacket | kurtka; penjek |
| jeans | jinsi balak |
| leather | deri; deriden tikilen |
| necktie | galstuk |
| overcoat | plaş |
| pocket | jübi |
| scarf | şarf; ýaglyk |
| shirt | köýnek |
| shoes | köwüş |
| socks | jorap |
| suit | kostýum |
| sweater | jempir; switer |
| tights | kolgotka |
| trousers | balak |
| umbrella | saýawan |
| underwear | içgi geýim |
| uniform | forma |
| Turkmen coat | begres |
| Turkmen women's dress | köýnek |
| Turkmen skullcap | tahýa; börük (woman) |
| wool | ýüň |

## —Toiletries    Tualete değíşlí zatlar

| | |
|---|---|
| aspirin | aspirin |
| Band-Aid | leýkoplastyr |
| comb | darak |

ş = ship    ý = yet

| | |
|---|---|
| condom | **prezerwatiw** |
| cotton wool | **pagta süýümi; pamyk** |
| deodorant | **dezodorant** |
| hairbrush | **saç çotgasy** |
| lipstick | **pomada** |
| mascara | **gara tuş** |
| mouthwash | **agyz çaykalýan suw** |
| nail clippers | **dyrnak alýan** |
| painkillers | **agyry aýyrýan derman** |
| perfume | **atyr** |
| powder | **pudur** |
| razor | **päki** |
| razorblade | **almaz; lezwi** |
| safety pin | **iňňebagjyk** |
| shampoo | **şampun** |
| shaving cream | **sakgal (sakal) syrmak üçin krem** |
| sleeping pills | **uky dermany** |
| soap | **sabyn** |
| sponge | **gubka** |
| sunblock cream | **günden goraýan krem** |
| tampons | **tampon** |
| thermometer | **termometr** |
| tissues | **salfetka** |
| toilet paper | **tualet kagyzy** |
| toothbrush | **diş çotgasy** |
| toothpaste | **diş pastasy** |

## —Stationery — Hat ýazmak üçin serişdeler

| | |
|---|---|
| ballpoint | **şarikli ruçka** |
| book | **kitap** |
| dictionary | **sözlük** |
| envelope | **bukja** |
| guidebook | **sprawoçnik** |

| | |
|---|---|
| ink | syýa |
| magazine | žurnal |
| map | karta |
| road map | ýol kartasy |
| a map of Ashgabat | Aşgabadyň kartasy |
| newspaper | gazet |
| newspaper in English | iňlisçe gazet |
| notebook | depder |
| novels in English | iňlisçe romanlar |
| (piece of) paper | kagyz (kagyzjyk) |
| pen | ruçka |
| pencil | galam |
| postcard | otkrytka |
| scissors | gaýçy |
| writing paper | hat ýazylýan kagyz |
| Do you have any foreign publications? | Daşary ýurt neşirleri (gazeti/jurnaly) barmy? |

## —Photography Fotosurat

| | |
|---|---|
| How much is it to process (and print) this film? | Şu plýonkany ýuwdurmak (we çykartmak) üçin näçe tölemeli? |
| When will it be ready? | Haçan çykar? |
| I'd like film for this camera. | Şol fotoapparat üçin plýonka almakçy. |
| B&W (film) | ak-gara/reňksiz plýonka |
| camera | fotoapparat |
| color (film) | reňkli plýonka |
| film | plýonka |
| flash | wspyşka |
| lens | linza |
| light meter | ýagtylygy ölçeýji |

## —Smoking          Çilim çekmek

Cigarettes are usually purchased from kiosks. American brands are more pricely but still a bargain by western standards. Best value is to buy by the carton where prices are normally fixed. In Turkmenistan, there are very strict rules for smokers. There is a decree issued by the government and people are forbidden to smoke in public places. Actually it is very difficult to find a smoking area. Smoking is forbidden even in cars, especially for the drivers when they are driving.

| | |
|---|---|
| A packet of cigarettes, please. | **Bir paçka çilim.** |
| Are these cigarettes strong? | **Bu çilimler nähili; güýçlimi?** |
| Do you have a light? | **Spiçkaňyz barmy?** |
| Do you have any American cigarettes? | **Amerikaniň çilimlari barmy?** |

| | |
|---|---|
| cigar | **sigara** |
| cigarette papers | **mahorka qog'ozi** |
| cigarettes | **çilim** |
| a carton of cigarettes | **bir blok çilim** |
| filtered | **fil'trli** |
| filterless | **fil'trsiz** |
| flint | **çaqmoq toş** |
| lighter | **çaqmoq/zajigalka** |
| matches | **gugurt** |
| menthol | **ýalpiz hidli** |
| pipe | **trubka** |
| tobacco | **tamaki** |

## —Electrical equipment          Elektrik enjamlary

| | |
|---|---|
| adapter | **adaptor** |
| battery | **batareýa** |
| cassette | **kasseta** |

| | |
|---|---|
| CD | **sidi** |
| CD player | **sidi pleýer** |
| fan | **wentilýator** |
| hairdryer | **fen/saç guradyjy** |
| heating coil | **suw gaýnadylýan/ kipýatilnik** |
| iron (for clothing) | **kilt** |
| kettle | **kitir** |
| plug | **rozetka** |
| portable T.V. | **elde göterilýän telewizor** |
| radio | **radio** |
| record | **plastinka** |
| tape (cassette) | **kasseta** |
| tape recorder | **magnitofon** |
| television | **telewizor** |
| transformer | **transformator** |
| video (player) | **wideomagnitofon** |
| videotape | **wideokasseta** |

## —Sizes          Ölçeg

| | |
|---|---|
| small | **kiçi (ölçeg)** |
| big | **uly (ölçeg)** |
| heavy | **agyr (galyň for material)** |
| light | **yeňil** |
| more | **köpräk** |
| less | **kemräk** |
| many | **köp** |
| too much; too many | **örän köp** |
| enough | **ýeterlik** |
| that's enough | **boldy** |
| also | **ýene** |
| a little bit | **azajyk** |

| | |
|---|---|
| Do you have a carrier bag? | **Sizde uly sumka barmy?** |

## Shops and markets . . .

**WHEN TO SHOP** — Shops open around 9am and close around 7pm. New private shops tend not to break for lunch, while older state shops do. Markets are open every day.

**HOW TO PAY** — Everything is best paid for in cash. Credit cards are increasingly acceptable in the cities but travelers' checks are still difficult to cash. Many shops now have price tags attached to items but in most places you will have to ask.

**FOOD AND WINE** — As well as the main streets of stores in the town centres; every street seems to have its own small produce kiosk or store. There is also a growing number of specialty shops, including supermarkets where you can buy western products.

**MARKETS** — For fresh produce go to a bazaar, "market." Prices and availability of goods are seasonal. As a foreigner, you may occasionally find yourself paying a little more here! The best time is early morning when everything is at its freshest; particularly for meat. In the evenings you'll get a better price (Turkmens call this **agşam bazary** or **agşamky bazar**), but less choice. Many local delicacies can be found here, including smoked sturgeon, caviar, smoked and dried meats, and a veritable plethora of spices, nuts and fruit. In Ashgabat, visit the colorful flea-markets or **talkuchka** — markets where you can buy all the usual consumer products at a bargain; from cigarettes to CD-players; from clothing to pirate videos.

# 11. WHAT'S TO SEE
## GÖRMELI ÝERLER

| | |
|---|---|
| Do you have a guide-book/local map? | Şol ýeriň ýol salgy kitaby/ ýerli kartasy barmy? |
| Is there a guide who speaks English? | Iňlisçe bilýän gid barmy? |
| What are the main attractions? | Tomaşa jaýlary haýsylar? |
| | |
| What is that? | Ol näme? |
| How old is it? | Könemi? |
| May I take a photograph? | Surat alsam bolýarmy? |
| | |
| What time does it open? | Haçan açylýar? |
| What time does it close? | Haçan ýapylýar? |
| | |
| What is this monument/statue? | Bu yadygärlik/heýkel näme/kimiňki? |
| What does that say? | O taýda näme ýazylan? |
| Who is that statue of? | Bu kimiň heýkeli/ statuýasy? |
| Are there any nightclubs/discos? | Diskotekalar barmy? |
| Where can I hear local folk music? | Halk sazyny nirede diňläp bolarka? |
| | |
| Is there an entrance fee? | Girende pul bermelimi? |
| How much? | Näçe pul? |
| How much does it cost to get in? | Girmek üçin näçe tölemeli? |
| What's there to do in the evening? | Agşam näme etse bolar? |
| | |
| Is there a concert? | Konsert barmy? |
| When is the wedding? | Nika toýy haçan? |

ş = ship        ý = yet

| | |
|---|---|
| What time does it begin? | **Haçan başlanýar?** |
| Can we swim here? | **Şu taýda ýüzse bolarmy?** |
| | |
| ballet | **balet** |
| blues | **blýuz** |
| classical music | **klassyky/nusgawy saz** |
| dancing | **tans** |
| disco | **diskoteka** |
| disc jockey | **programmany alyp baryjy** |
| elevator | **lift** |
| escalator | **eskalator** |
| exhibition | **sergi** |
| folk dancing | **halk tansy** |
| folk music | **halk sazy** |
| jazz | **jaz** |
| lift | **lift** |
| nightclub | **gijeki klub** |
| opera | **opera** |
| party | **oturylyşyk** |
| pop music | **estrada** |
| pub | **bar** |
| rock concert | **rok sazynyň konserti** |
| rock 'n' roll | **rok sazy; rok-n-rol** |

## —Buildings     Ymaratlar

| | |
|---|---|
| academy of sciences | **ylymlar akademiýasy** |
| apartment | **kwartira; öý** |
| apartment building | **jaý** |
| archaeological | **arheologik** |
| art gallery | **sungat galereýasy** |
| bakery | **çörek/nan dükany** |
| bar | **bar** |
| apartment block | **ýaşaýyş jaýy** |
| building | **jaý; ymarat** |
| casino | **kazino** |

| | |
|---|---|
| cemetery | gonamçylyk |
| church | çerkow |
| cinema | kinoteatr |
| city map | şäher kartasy |
| college | kollej |
| concert hall | konsert zaly/jaýy |
| concert | konsert |
| embassy | ilçihana |
| hospital | keselhana; hassahana; gospital |
| house | öý |
| housing estate/project | kwartal |
| library | kitaphana |
| main square | seýilgäh |
| market | bazar |
| monument | ýadygärlik |
| mosque | metjit |
| museum | muzeý |
| old city | köne şäher |
| opera house | opera jaýy |
| park | park; bag |
| parliament (building) | parlamentiň jaýy |
| restaurant | restoran |
| ruins | harabaçylyk |
| saint's tomb | keramatly gonam; mazar |
| 'salon' shop | salon-magazin |
| school | mekdep |
| shop | dükan |
| shrine | zyýarat edilýän ýer |
| stadium | stadion |
| statue | heýkel; statuýa |
| synagogue | senagog |
| temple | ybadathana |
| theater | teatr |
| tomb | gonam; mazar |
| tower | minara |

ş = ship     ý = yet

| | |
|---|---|
| university | **uniwersitet** |
| zoo | **haýwanat bagy** |

## —Occasíons     Hadysalar

| | |
|---|---|
| birth | **dogluş** |
| death | **ölüm** |
| funeral | **jynaza** |
| marriage | **durmuş toy;öýleniş** |
| wedding/circumcision | **toý** |

---

### Relígíous herítage . . .

The Turkmens are Sunni Muslims. Aside from mosques, you will also discover the odd church or synagogue. Mosques and madrasas (Quranic schools) have always played an important part in the development of the Turkmen people and state, and, although the Soviets and demands of modern times have greatly undermined its power and influence, Islam still makes its presence felt through the often stunning religious buildings still standing throughout the country. Of particular significance are the monuments in Kone-Urgench, Bayram Ali, and Mashad-Mesrian but there are historic buildings wherever you look in Turkmenistan.

**HOLIDAYS & FESTIVALS** — The official state holidays are 1 January, New Year's Day; January 12, Day of Remembrance, February 19, Flag Day; March 20-22, Nowruz, the Persian New Year; May 8-9, Victory Days; May 18, Revival and Unity Day; October 6, Remembrance Day; October 27-28, Independence Day; December 12, Neutrality Day. Also celebrated is **Oraza baýramy**, to celebrate fasting during the month of Ramadan; and **Kurban baýramy**, a three-day holiday celebrating Eid Al-Adha (the day Muslims sacrifice an animal during the month celebrating the Hajj pilgrimage). The dates of both festivals are calculated according to the Islamic lunar calendar.

---

# 12. FINANCE
PUL

---

**CURRENCIES** — The official currency in Turkmenistan is the **manat**, divided into 100 tenge. Unofficially in use, but still accepted everywhere outside of government establishments and retail outlets, are U.S. dollars. These may be refused however if notes are creased, torn, old, or simply a low denomination. Be prepared to accept change in **manat**.

**CHANGING MONEY** — Aside from the banks, money can also be changed in any bureau de change, where you will find reliable, up-to-date exchange rates prominently displayed on a board. The cashiers will often know a European language or two, and almost all will show the workings of the exchange on a calculator for you and give you a receipt. Many shops and kiosks will also be happy to change money for you.

---

| | |
|---|---|
| I want to change some dollars. | **Men az-kem dollar çalyşsam diýýärin.** |
| I want to change some euros. | **Men az-kem ewro çalyşsam diýýärin.** |
| I want to change some pounds. | **Men az-kem funt çalyşsam diýýärin.** |
| Where can I change some money? | **Nirede pul çalşyp bolar?** |
| | |
| What is the exchange rate? | **Kursy näçeden?** |
| What is the commission? | **Komission haky näçe?** |
| Could you please check that again? | **Täzeden hasaplap görüp bilmermisiňiz?** |
| | |
| money | **pul** |
| dollar | **dollar** |
| euro | **ewro** |
| ruble | **rubl** |
| sterling | **funt sterling** |

# FINANCE

| | |
|---|---|
| bank notes | **banknot** |
| calculator | **kalkulýator** |
| cashier | **kassir** |
| coins | **şaýy pullar; şaýylyklar** |
| credit card | **kredit kartoçkasy** |
| commission | **komission** |
| exchange | **pul çalşylýan nokat** |
| signature | **gol** |

---

## Courtesy . . .

Turkmens are a courteous people and this is reflected in the expressions they use towards guests and superiors. Some related expressions you'll commonly hear are:

| | |
|---|---|
| **Hoş geldiňiz** | Welcome (to our home)! *This is said after you have entered a house, sat down, exchanged greetings, drunk tea, etc.* |
| **Geliň!** *or* **Geçiň!** | Welcome! *or* Please...! |
| **Siz üçin işigimiz hemişe açykdyr!** | Our door is always open for you! |
| **Gelip duruň!** | Come again and again! |

# 13. COMMUNICATIONS
## ARAGATNAŞYK

| | |
|---|---|
| Where is the post office? | **Poçta nirede?** |
| What time does the post office open? | **Poçta haçan açylýar?** |
| What time does the post office close? | **Poçta haçan ýapylýar?** |
| Where is the mailbox? | **Poçta ýaşşigi nirede?** |
| Is there any mail for me? | **Maňa hat barmy?** |
| How long will it take for this to get there? | **Haçan barar?** |
| How much does it cost to send this to ... ? | **Maňa muny ...-a/-e ibermek näçä durýar?** |
| I would like some stamps. | **Marka almakçy.** |
| I would like to send ... | **... ibermekçi.** |
|     a letter |     **hat** |
|     a postcard |     **otkrytka** |
|     a parcel |     **posylka** |
|     a telegram |     **telegramma** |
| air mail | **awiahat** |
| envelope | **bukja** |
| mailbox | **poçta ýaşşigi; poçta ýeşşigi** |
| registered mail | **buýurma/zakaz hat** |
| stamp | **marka** |
| telegram | **telegramma** |
| postal wrapper | **banderol** |

## —Tele-etíquette    Tele-etíket

| | |
|---|---|
| I would like to make a phone call. | **Men jaň etmekçi.** |
| I would like to send a fax. | **Faks ibermekçi.** |
| I would like to send a telex. | **Teleks ibermekçi.** |
| Where is the telephone? | **Telefon nirede?** |
| May I use your phone? | **Telefonyňyzdan peýdalansam bolýarmy?** |
| Can I telephone from here? | **Şo taýdan jaň etsem bolarmy?** |
| Can you help me get this number? | **Şo nomere jaň etmäge kömek berip bilmermisiňizmi?** |
| Can I dial direct? | **Dogry jaň etse bolarmy?** |
| May I speak to ... ? | **... bilen gepleşmekçi/ gürleşmekçi.** |
| Hello, I need to speak to ... | **Salawmaleýkim, ... bilen gürleşmekçidim.** |
| Who is calling, please? | **Kim jaň edýär?** |
| Who are you calling? | **Kime jaň edýärsiňiz?** |
| Can I take your name? | **Adyňyzy ýazyp alsam bolýarmy?** |
| Can I leave a message? | **Meniň aýdýanlarymy ýazyp berip bilmermisiňiz?** |
| Which number are you dialling? | **Haýsy nomere jaň edýärsiň?** |
| I am calling this number ... | **Men ...-a/-e jaň etmekçi.** |
| He/She is not here at | **Häzir ol ýok, näme** |

| | |
|---|---|
| the moment, would you like to leave a message? | **diýmeli bolsa aýdyberiň?** |
| This is not ... | **Bu ... däl.** |
| You are mistaken. | **Başga ýere düşdüñiz.** |
| This is the ... office. | **Bu ýer ... edarasy.** |
| I want to ring ... | **...-a/-e jaň etmekçi.** |
| What is the code for ... ? | **...-nyň/-niň kodu näçe?** |
| What is the international code? | **Halkara telefon kodu näçe?** |
| The number is ... | **Onuň nomeri ...** |
| | |
| The telephone is switched off. | **Telefon işlänok.** |
| It's busy. | **Boş däl.** |
| I've been cut off. | **Telefonyň arasy kesildi.** |
| The lines have been cut. | **Simler üzülipdir.** |
| Where is the nearest public phone? | **Iň ýakyn telefon-awtomat nirede?** |
| | |
| e-mail | **elektron poçta** |
| fax | **faks** |
| fax machine | **faks apparaty** |
| handset | **trubka** |
| international operator | **halkara telegrafist** |
| internet | **internet** |
| line | **liniýa** |
| mobile phone/cell phone | **öýjükli (mobil) telefon** |
| modem | **modem** |
| operator | **telegrafist(ka)** |
| satellite phone | **sputnik telefony** |
| telephone center | **telefon merkezi/ stansiýasy** |
| telex | **teleks** |
| to transfer/put through | **geçirmek** |

# 14. THE OFFICE
## EDARA

| | |
|---|---|
| chair | **stul** |
| computer | **kompýuter** |
| desk | **parta** |
| drawer | **çeker /tahyl** |
| fax | **faks** |
| file paper | **kartoteka** |
| computer | **fayl** |
| meeting | **ýygnak; mejlis; maslahat** |
| paper | **kagyz** |
| pen | **ruçka** |
| pencil | **galam** |
| photocopier | **kseroks maşyny** |
| photocopy | **fotokopiýa** |
| printer | **printer** |
| program (computrer) | **programma** |
| red tape | **kanselýariýaçylyk** |
| report | **hasabat** |
| ruler | **çyzgyç** |
| telephone | **telefon** |
| telex | **teleks** |
| typewriter | **maşynka** |

# 15. THE CONFERENCE
## KONFERENSIÝA

| | |
|---|---|
| article | makala |
| a break for refreshments | dynç almak üçin arakesme |
| conference room | konferensiýa zaly |
| copy | kopiýa |
| discussion | jedel |
| forum | forum |
| guest speaker | çykyş edýän myhman |
| a paper | ylmy habar |
| podium | podium |
| projector | taslamany düzüji |
| session | sessiýa |
| a session chaired by ... | sessiýanyň ýolbaşçysy |
| speaker | söz sözleýji |
| subject | mowzuk; tema |

---

**More tele-etiquette . . .**
Common ways of answering the phone:

| | |
|---|---|
| Yes? | **Hawa!** or **Howa!** |
| Hello? | **Salam!** |
| Please! | **Haýyş edýärin!** |

# 16. THE FARM
## DAYHAN HOJALYGY

| | |
|---|---|
| agriculture | **ekerançylyk** |
| barley | **arpa** |
| barn | **ammar** |
| cattle | **gara mal** |
| to clear land | **ýer açmak** |
| combine harvester | **kombaýn** |
| corn (grain) | **galla** |
| yellow/maize | **mekge** |
| cotton | **pagta** |
| crops | **ekin** |
| earth | **toprak** |
| fallowland | **bugaryp ýatan ýer** |
| farm | **ferma** |
| farmer | **fermer/daýhan** |
| farming | **daýhançylyk** |
| (animal) feed | **iým** |
| fertilizer | **dökün** |
| field | **meýdan** |
| fruit | **miwe** |
| garden | **bag; ekinçilik** |
| to grow crops | **ekin ekmek** |
| harvest | **hasyl** |
| hay | **bede** |
| haystack | **bede daňysy** |
| irrigation | **suwaryş** |
| marsh | **batga** |
| mill | **degirmen** |
| planting | **ekin ekiş** |
| plow | **plug; azal** |

| | |
|---|---|
| to plow | **ýer sürmek** |
| reaping | **ormak** |
| rice (plant) | **şaly** |
| rice (as grain) | **tüwi; bürünç** |
| season | **möwsüm/pasyl** |
| seed | **tohumlyk däne** |
| silkworm | **ýüpek gurçugy** |
| sowing | **ekmek** |
| tractor | **traktor** |
| wheat | **bugdaý** |
| well (of water) | **guýy** |

---

**CULTURAL NOTE** — Orchards are a prominent feature of Turkmen life and are named by adding **-lik/-lyk** to the name of the fruit tree, e.g.

| | |
|---|---|
| **almalyk** | apple orchard |
| **tutçulyk** | mulberry orchard |
| **şetdalylyk** | peach orchard |

---

# 17, ANIMALS
## HAÝWANLAR

| —Mammals | Süt emdirijiler |
|---|---|
| bear | aýy |
| bull | öküz |
| camel | düýe |
| cat | pişik |
| cow | sygyr |
| deer | keýik |
| dog | it; güjük |
| donkey | eşek |
| fish | balyk |
| flock | süri |
| goat | geçi |
| herd | süri |
| horse | at |
| lamb | guzy |
| mare | baýtal |
| mouse | syçan |
| mule | gatyr |
| pig | doňuz |
| pigeon | kepderi |
| pony | taýçanak |
| rabbit | el towşany |
| ram | goç |
| rat | alaka |
| sheep | goýun |
| sheepdog | goýun iti |
| stallion | taý |
| wolf | möjek; gurt; böri |

| —Bírds | Guşlar |
|---|---|
| bird | guş |

ç = church     ž = erazure     ň = sing

| | |
|---|---|
| chicken/hen | **towuk** |
| crow | **garga** |
| duck | **ördek** |
| eagle | **bürgüt** |
| goose | **gaz** |
| owl | **baýguş; baýhatyn** |
| partridge | **käkilik** |
| rooster | **horaz** |
| turkey | **hind towugy** |

## Insects & amphibians

**Mör-mömejekler we ýerde-suwda gezýänler**

| | |
|---|---|
| ant | **garynja** |
| bee | **bal ary** |
| butterfly | **kebelek** |
| caterpillar | **gurçuk** |
| cockroach | **saçakçy; tarakan** |
| cobra | **kepjebaş ýylan** |
| fish | **balyk** |
| flea | **büre** |
| fly | **siňek** |
| frog | **gurbaga** |
| insect | **mör-möjek** |
| lizard | **hajjyk; kelpeze** |
| louse | **bit** |
| mosquito | **çybyn** |
| snail | **balykgulak** |
| snake | **ýylan** |
| spider | **möý** |
| termite | **sary garynja** |
| tick | **sakyrtga** |
| wasp | **ary** |
| worm | **gurt; gurçuk** |

# 18. COUNTRYSIDE
## OBA ÝERI

| | |
|---|---|
| avalanche | dagdan gaýdýan gar |
| canal | kanal |
| cave | gowak |
| dam | böwet; gaçy |
| earthquake | ýer yranma; ýer titreme |
| fire | ýangyn |
| flood | sil |
| foothills | dagyň etegi |
| footpath | pyýada ýol |
| forest | tokaý |
| hill | depe |
| lake | köl |
| landslide | ýer süýşmesi |
| mountain | dag |
| mountain pass | dag geçelgesi |
| mountain range | dag ulgamy |
| peak | çür başy; çür depesi |
| plain | düzlük |
| plant | ösümlik |
| range | otluk ýer |
| ravine | jülge; dere; gorp |
| river bank | derýanyň kenary/ýakasy |
| river | derýa |
| rock | gaýa; daş |
| slope | ýapgyt; ýapy |
| stream | çeşme |
| summit | süýr depesi |
| swamp | batga |
| tree | gögerip oturan agaç; daragt; bag |
| valley | jülge |
| waterfall | şarlawuk |
| a wood | agaçlyk |

ç = church        ž = erazure        ň = sing

# 19. THE WEATHER
## HOWA

Most of Turkmenistan comprises midlatitude desert, though in the western regions cooler because it is located close to the Caspian Sea. Summers can be very hot with temperatures over 40 degrees C, but winters are mostly mild. Turkmenistan has quite mild and pleasant weather in the spring and fall, much like any other temperate country. The climate is similar in the areas inhabited by the Turkmens of Afghanistan, Iraq, and Iran.

| | |
|---|---|
| What's the weather like? | **Howa nähili?** |
| The weather is ... today. | **Şugün howa ...** |
| cold | **sowuk** |
| cool/fresh | **salkyn** |
| cloudy | **bulutly** |
| foggy | **dumanly; ümürli** |
| freezing | **doňaklyk** |
| hot | **yssy** |
| misty | **dumanly** |
| very hot | **örän yssy** |
| windy | **ýelli; şemally** |

| | |
|---|---|
| It's going to rain. | **Yagyş ýagýan ýaly.** |
| It is raining. | **Yagyş ýagyp dur.** |
| It's going to snow. | **Gar ýagýan ýaly.** |
| It is snowing. | **Gar yagyp dur.** |
| It is sunny. | **Gün çykdy.** |

| | |
|---|---|
| air | **howa** |
| cloud | **bulut** |
| fog | **duman** |
| frost | **gyraw** |
| full moon | **dolan aý** |

| | |
|---|---|
| heatwave | **epgek; jöwzaly döwür** |
| ice | **buz** |
| midsummer | **tomsuň ortasy** |
| midwinter | **gyşyň örküji; kyrk çille** |
| moon | **aý** |
| new moon | **ýaňy dogan aý; helal aý** |
| rain | **ýagyş** |
| severe winter | **gazaply gyş** |
| sleet | **jöwenek** |
| snow | **gar** |
| solstice | **gije-gündiziň deňleşýän wagty** |
| star | **ýyldyz** |
| sun | **gün** |
| sunny | **gün çykyp dyran** |
| thaw | **togsan dolan wagty; maýylganlyk** |
| weather | **howa** |
| spring | **ýaz; bahar** |
| summer | **tomus** |
| autumn | **güýz** |
| winter | **gyş** |

# 20. CAMPING
## KEMPING/GEZELENÇ

This is not a popular pastime among Turkmens. It is not uncommon for Turkmens to take family outings, though, such as to the mountains, or out into the desert. Çuli is a popular spot outside of Ashgabat.

| | |
|---|---|
| axe | **palta** |
| backpack | **ryukzak; torba** |
| bucket | **bedre** |
| campsite | **çadyr dikilýän ýer** |
| can opener | **banka açýan** |
| compass | **kompas** |
| firewood | **odun** |
| flashlight | **el çyrasy; el fanary** |
| gas canister | **gaz balony** |
| hammer | **çekiç** |
| ice ax | **alpinist paltasy** |
| lamp | **çyra; lampa** |
| mattress | **matras; düşekçe** |
| penknife | **päki** |
| rope | **ýüp; arkan** |
| sleeping bag | **spalnyý meşok; halta ýorgan** |
| stove | **plita** |
| tent | **çadyr; palatka** |
| tent pegs | **çadyryň gazyklary** |
| water bottle | **suw çüýşesi** |

# 21. IN CASE OF EMERGENCY
## ÝÜZE ÇYKÝAN ÝAGDAYLARY

**COMPLAINING** — If you really feel you have been cheated or misled, raise the matter first with your host or the proprietor of the establishment in question preferably with a smile. Turkmens are proud but courteous, with a deeply felt tradition of hospitality, and consider it their duty to help any guest. Angry glares and shouting will get you nowhere.

**CRIME** — Turkmens are law-abiding people, but petty theft does occur. Without undue paranoia, take usual precautions: watch your wallet or purse, securely lock your equipment and baggage before handing it over to railway or airline porters, and don't leave valuables on display in your hotel room. On buses, look out for pickpockets — keep valuables in front pockets and your bag close to your side. Do not carry backpacks in places where they are likely to be slashed, such as in bazaars. If you are robbed, contact the police. Of course in the more remote areas, sensible precautions should be taken, and always ensure that you go with a guide. In general, follow the same rules as you would in your own country and you will run little risk of encountering crime.

**WHAT TO DO IF YOU LOSE SOMETHING** — Save time and energy by appealing only to senior members of staff or officials. If you have lost items in the street or left anything in public transport; the police may be able to help.

**DISABLED FACILITIES** — The terrain and conditions throughout most of Turkmenistan do not make it easy for any visitor to get around in a wheelchair even at the best of times. Access to most buildings in the cities is difficult, particularly since the majority of lifts function irregularly. Facilities are rarely available in hotels, airports or other public areas.

**TOILETS** — You will find public utilities located in any important or official building. You may use those in hotels or restaurants. You may sometimes encounter failed plumbing and absence of toilet paper. Similar to Turkey and countries in the Middle East, people in Turkmenistan tend to use any available paper as toilet paper, and occasionally a jug of water (in rural areas).

| | |
|---|---|
| wheelchair | maýyplaryň tigirli kürsüsi |
| disabled | maýyp; inwalid |
| Do you have seats for the disabled? | Maýyplar oturar ýaly ýer barmy? |
| Do you have access for the disabled? | Maýyplar girip bilýärmi? |
| Do you have facilities for the disabled? | Maýyplar üçin amatly şertler barmy?? |
| Help! | Kömek ediň! |
| Could you help me, please? | Maňa kömek edip bilermisiňiz? |
| Do you have a telephone? | Telefonyňyz barmy? |
| Where is the nearest telephone? | Iň ýakyn telefon nirede? |
| Does the phone work? | Şu telefon işleýärmi? |
| Get help quickly! | Tizräk kömek beriň! |
| Call the police. | Milisiýany çagyryň. |
| I'll call the police! | Milisiýany çagyraryn! |
| Is there a doctor near here? | Şo taýda dogtor barmy? |
| Call a doctor. | Dogtora jaň ediň. |
| Call an ambulance. | Tiz kömegi çagyryň. |
| I'll get medical help! | Tiz kömegi çagyraryn. |
| Where is the doctor? | Doktor hany? |
| Where is a doctor? | Nirede dogtor bar? |
| Where is the hospital? | Keselhana nirede? |
| Where is the pharmacy? | Dermanhana/apteka nirede? |
| Where is the dentist? | Nirede diş dogtory bar? |
| Where is the police station? | Milisiýa bölümi nirede? |
| Take me to a doctor. | Meni bir dogtora äkidiň! |

| | |
|---|---|
| There's been an accident! | **Awariýa boldy!** |
| Is anyone hurt? | **Ýaralananlar barmy?** |
| This person is hurt. | **Ol adam ýaralanypdyr.** |
| There are people injured. | **Ýaralanan adamlar bar.** |
| Don't move! | **Gymyldamaň!** |
| Go away! | **Baryň!** *or* **Gidiň!** |
| Stand back! | **Daşrak duruň!** *or* **Yzrakda duruň!** |
| I am lost. | **Men azaşdym.** |
| I am ill. | **Yarawlygym ýok.** *or* **Ugrum ýok.** |
| I've been raped. | **Meni biri zorlady.** |
| I've been robbed. | **Pulumy ogurlatdym.** |
| Stop the thief! | **Ogryny saklaň!** |
| My ... has been stolen. | **...-ymy/-imi ogurlatdym.** |
| I have lost ... | **...-y/-i ýitirdim.** |
|    my bags | **sumkalarymy; çemedanlarymy** |
|    my camera equipment | **fotoapparat enjamlarymy** |
|    my handbag | **sumkamy** |
|    my laptop computer | **laptop kompýuterimi** |
|    my money | **pulumy** |
|    my passport | **pasportymy** |
|    my sound equipment | **magnitofon enjamlarymy** |
|    my traveler's checks | **syýahat çeklerimi** |
|    my wallet | **gapjygymy** |
| My possessions are insured. | **Zatlarymy ätiýaçlandyrma etdiripdim.** |
| I have a problem. | **Aladam bar.** |
| I didn't do it. | **Men etmedim.** |
| I'm sorry. | **Bagyşlaň.** *or* **Bilmändirin.** |

ç = *church*   ž = *erazure*   ň = si*ng*

| | |
|---|---|
| I apologize! | **Günämi ötüp-geçiň!** |
| I didn't realize anything was wrong. | **Men hiç bir ters zat bolandygyny bilmändirin.** |
| | |
| I want to contact my embassy. | **Ilçihanamyza jaň etmekçi.** |
| I want to contact my consulate. | **Konsulhanamyza jaň etmekçi.** |
| I speak English. | **Iňlisçe gepleýärin.** |
| I need an interpreter. | **Maňa dilmaç gerek.** |
| Where are the toilets? | **Hajathanalar/tualetler nirede?** |

---

**Yes and no ... Hawa we ýok ...**

**YES** — The word for "yes", **"hawa"**, is used rather in the way people in English say "uh, huh". A more concise Turkmen way of saying "yes" is to simply repeat the main verb in the question. For example: **"Şol taýda telefon barmy?"** ("Is there a telephone here?") — **"Bar."** ("There is.")

**NO** — Saying **"ýok"** directly can be a little rude. As above with "yes", one usually repeats the key element of the question. For example: **"Gitjekmi?"** ("Are you going?") — **"Ýok, gitjek däl."** ("No, I'm not going.")

# 22. HEALTHCARE
## SAGLYGYŇA SERETMEK

> **HEALTH/MEDICAL INFORMATION** — Make sure any insurance policy you take out covers Turkmenistan, although this will only help in flying you out in case of a serious accident or illness. No vaccinations are required for Turkmenistan, although your doctor may suggest you take the boosters usually recommended when making any trip outside of North America and Western Europe.
>
> **PHARMACIES** — These are easy to find but can be understocked at times. If planning to travel off the beaten track, it is probably best to bring a sufficient supply of any specific medication you require. But most of the familiar range of medicines can be found in the capital, Ashgabat. Don't forget to check the "best before" date.

| | |
|---|---|
| What's the trouble? | **Näme boldy?** |
| I am sick. | **Keselläpdirin.** |
| My companion is sick. | **Ýoldaşym ýaranok.** |
| I see a female doctor? | **Aýal dogtory görüp bolarmy?** |
| | |
| I have medical insurance. | **Lukmançylyk polisim bar.** |
| Please undress. | **Eşigiňizi çykarynaýyň.** |
| How long have you had this problem? | **Şu sizi haçandan bäri aladalandarýar?** |
| How long have you been feeling sick? | **Sen haçandan bäri ýaranök?** |
| Where does it hurt? | **Niräňiz agyrýar?** |
| It hurts here. | **Şu ýerim agyrýar.** |
| | |
| I have been vomiting. | **Gusýaryn.** |
| I feel dizzy. | **Başym aýlanýar.** |
| I can't eat. | **Nahar iýip bilemok.** |
| I can't sleep. | **Uklap.** *or* **Bilemok.** |

ç = **ch**urch    ž = erazure    ň = si**ng**

# HEALTHCARE

| | |
|---|---|
| I feel worse. | Özümi öňküligimden has erbet duýýaryn. |
| I feel better. | Özümi öňküligimden has gowy duýýaryn. |
| Do you have ... ? | ... barmy? |
| diabetes | gant; süýji; keseliňiz |
| epilepsy | garaguş agyryňyz; tutgaýyňyz |
| asthma | demgysmaňyz |
| I'm pregnant. | Men göwreli. |
| I have a cold. | Men sowuklapdyryn. |
| I have a cough. | Üsgülewügim bar. |
| I have a headache. | Kelläm agyrýar. |
| I have a pain. | Agyry bar. |
| I have a pain in my leg. | Aýagymda agyry bar. |
| I have a sore throat. | Bogazym agyrýar. |
| I have a temperature. | Gyzgynym bar. |
| I have an allergy. | Allergiýam bar. |
| I have an infection in my... | ...-im iriňläp gidipdir. |
| I have an itch. | Giji keselim bar. |
| I have backache. | Bil agyrym bar. |
| I am constipated. | Içim gatapdyr. |
| I have diarrhea. | Içim geçýär. |
| I have fever. | Ysytmam bar. |
| I have hepatitis. | Sary getirme keselim bar. |
| I have indigestion. | Iýenim siňenok. |
| I have influenza. | Dümewläpdirin. |
| I have a heart condition. | Ýüregim erbet. |
| I have pins and needles. | El-aýagym sanjap agyrýar. |
| I have stomachache. | Aşgazanym agyrýar. |
| My ... is fractured. | ...-m döwüldi. |
| I have a toothache. | Dişim agyrýar. |

ş = ship   ý = yet

**Turkmen Dictionary & Phrasebook · 177**

# HEALTHCARE

| | |
|---|---|
| You have a cold. | **Siziň sowuklapsyňyz** |
| You have a cough. | **Siziň üsgürýärsiňiz.** |
| You have a headache. | **Kelleagyryňyz bar.** |
| You have a pain. | **Siziň agyry duýýarsyňyz.** |
| You have a sore throat. | **Siziň bogazyňyz agyrýar.** |
| You have a temperature. | **Siziň gyzgynynyz galypdyr.** |
| You have an allergy. | **Allergiýaňyz bar.** |
| You have an infection in your ... | **...-yňyz/-iňiz iriňläpdir** |
| You have an itch. | **...-giji keseliňiz bar.** |
| You have backache. | **Biliňiz agyrýar.** |
| You are constipated. | **Içiňiz gatapdyr.** |
| You have diarrhea. | **Içgeçmäňiz bar.** |
| You have fever. | **Gyzzyrma/ysytma degipdir.** |
| You have hepatitis. | **Saňa sarygetirme degipdir.** |
| You have indigestion. | **Iýeniňiz siňenok.** |
| You have influenza. | **Dümewläpsiňiz.** |
| You have a heart condition. | **Ýürek agyryňyz bar.** |
| You have pins and needles. | **El-aýagyňyz sanjap agyrýar.** |
| You have stomachache. | **Aşgazanyňyz agyrýar.** |
| Your ... is fractured. | **...-yňyz/-iňiz döwlüpdir.** |
| You have a toothache. | **Dişiňiz agyrýar.** |
| | |
| I take this medication. | **Şo dermany içiň.** |
| I need medication for... | **Maňa ... dermany gerek.** |
| What type of medication is this? | **Bu nähili derman?** |
| How many times a day must I take it? | **Günde näçe gezek içmeli?** |
| When should I stop? | **Haçan bes etmeli?** |
| I'm on antibiotics. | **Men antibiotik atýan.** |

ç = *ch*urch    ž = era*z*ure    ň = si*ng*

| | |
|---|---|
| I'm allergic to ... | **Meniň ...-a/-e algergiýam bar.** |
| antibiotics | **antibiotikler** |
| penicillin | **penisillin** |
| I have been vaccinated. | **Men sanjym etdirýän** |
| I have my own syringe. | **Öz şprisim bar.** |
| Is it possible for me to travel? | **Maňa ýola çykmak/ gezelenje gitmek bolarmy?** |

## —Health words · Sağlyga degíýlí sözler

| | |
|---|---|
| aspirin | **aspirin** |
| antibiotic | **antibiotik** |
| AIDS | **SPID** |
| alcoholic | **arakkeş** |
| alcoholism | **arakkeşlik** |
| amputation | **amputasiýa** |
| anemia | **gan azlyk** |
| anesthetic | **agyry aýryjy** |
| anesthetist | **anesteziolog** |
| antibiotic | **antibiotik** |
| antiseptic | **antiseptik** |
| blood | **gan** |
| blood group | **gan gruppasy** |
| blood pressure: | **gan basyşy** |
| low blood pressure | **gan basyşynyň pesligi** |
| high blood pressure | **gan basyşynyň ýokary galmagy** |
| blood transfusion | **gan goýberme** |
| bone | **süňk** |
| cancer | **rak** |
| cholera | **mergi** |
| clinic | **klinika; hassahana** |
| dentist | **diş dogtory** |
| drug *medical* | **derman** |
| *narcotic* | **neşe maddasy** |

ş = *ship*     ý = *yet*

| | |
|---|---|
| epidemic | **epidemiýa** |
| fever | **gyzzyrma** |
| flu | **dümew** |
| frostbite | **sowuk alan/uran ýer** |
| germs | **mikrob** |
| heart attack | **infarkt** |
| hygiene | **gigiena; arassaçylyk** |
| infection | **ýokanç kesel; infeksiýa** |
| limbs | **el-aýak** |
| needle | **ukol; sanjym** |
| nurse | **eneke** |
| operating theater | **operasiýa otagy** |
| (surgical) operation | **operasiýa** |
| oxygen | **kislorod** |
| painkiller | **agyry aýyrýan serişde** |
| physiotherapy | **fizioterapiýa** |
| rabies | **guduzlama** |
| shrapnel | **ýarylýan top oky** |
| sleeping pill | **uky dermany** |
| snake bite | **zäherli ýylanyň çakmasy** |
| stethoscope | **stetoskop** |
| surgeon | **hirurg** |
| (act of) surgery | **operasiýa** |
| syringe | **şprits** |
| thermometer | **termometr** |
| torture | **jebir çekdiriji; gynaýjy** |
| tranquilizer | **rahatlandyrjy** |

| | |
|---|---|
| I have broken my glasses. | **Äýnegim döwlüpdir.** |
| Can you repair them? | **Bejerip bilermisiňiz?** |
| I need new lenses. | **Maňa täze linza gerek.** |
| When will they be ready? | **Haçan tayýar bolar?** |
| How much do I owe you? | **Men size näçe pul bermeli?** |

| | |
|---|---|
| contact lenses | **kontaktly linza** |
| contact lens solution | **kontaktly linza saklanan ergin** |

# 23. RELIEF AID
## KÖMEK

| | |
|---|---|
| Can you help me? | **Maňa kömek edip bilermisiňiz?** |
| Do you speak English? | **Iňlisçe gepläp bilyärsiňizmi?** |
| Who is in charge? | **Başlyk kim?** |
| Fetch the main person in charge. | **Başlygyňyzy çagyryň.** |
| What's the name of this town? | **Bu ýeriň ady name?** |
| How many people live there? | **Bu ýeriň ilaty näçe?** or **Bu ýerde näçe adam ýaşaýar?** |
| What's the name of that river? | **Ol derýanyň ady näme?** |
| How deep is it? | **Onuň çuňlugy näçe?** |
| Is the bridge still standing? | **Köpri henizem durmy?** |
| What is the name of that mountain? | **Ol dagyň ady näme?** |
| How high is it? | **Beýikligi näçe?** |
| Where is the border? | **Serhet/araçäk/nirede?** |
| Is it safe? | **Howply dälmi?** or **Howpsuzmy?** |
| Show me. | **Maňa görkeziň.** |

## Checkpoints    Barlag/gözeg-çilik nokady

| | |
|---|---|
| checkpoint | **barlag nokady; barlag punkty** |
| roadblock | **post** |
| Stop! | **Dur!** |

| | |
|---|---|
| Do not move! | **Gymyldama!** |
| Go! | **Ýör!** |
| Who are you? | **Siz kim?** |
| Don't shoot! | **Atmaň!** |
| Help! | **Kömek ediň!** |
| no entry | **girmek gadagan** |
| emergency exit | **awariýa wagtynda çykalga** |
| straight on | **göni; dogry** |
| turn left | **çepe sürüň.** |
| turn right | **saga öwrülüň** |
| this way | **şu ýoldan; şu tarapa** |
| that way | **şol ýoldan; şol tarapa** |
| Keep quiet! | **Ýuwaş boluň!** |
| You are right. | **Siz mamla!** *or* **Dogry aýtdyňyz!** |
| You are wrong. | **Ýok, nädogry aýtdyňyz!** |
| I am ready. | **Men taýýar.** |
| I am in a hurry. | **Men howlugýaryn.** |
| Well, thank you! | **Gaty gowy, taňry ýalkasyn!** |
| What's that? | **Ol näme?** |
| Come in! | **Geliň!** *or* **Giriberiň!** |
| That's all! | **Boldy!** |

## —Road repair · Ýol düzetmek

| | |
|---|---|
| Is the road passable? | **Bu ýoldan ýöräp bolýarmy?** |
| Is the road blocked? | **Ýol ýapykmy?** |
| We are repairing the road. | **Ýoly düzedýäris.** |
| We are repairing the bridge. | **Köprini düzedýäris.** |
| We need ... | **Bize ... gerek.** |
| wood | **agaç** |
| rock | **daş** |
| gravel | **çagyl** |

| | |
|---|---|
| sand | **gum** |
| fuel | **ýangyç** |

## —Other words    Başga sözler

| | |
|---|---|
| air force | **harby howa güýçleri** |
| ambulance | **tiz kömek maşyny** |
| armored car | **bronly maşyn** |
| army | **goşun** |
| artillery | **artilleriýa** |
| barbed wire | **tikenli sim** |
| bomb | **bomba** |
| bomber | **bombalaýjy samolýot** |
| bullet | **ok** |
| cannon | **top** |
| disaster | **betbagtçylyk** |
| earthquake | **ýer titremesi; sarsgyn** |
| fighter | **jaňçy** |
| gun    *pistol* | **sapança** |
|      *rifle* | **tüpeň** |
|      *cannon* | **top** |
| machine gun | **pulemýot** |
| missile | **raketa** |
| missiles | **raketalar** |
| natural disaster | **tebygy betbagtçylyk** |
| navy | **deňiz floty** |
| nuclear power | **ýadro energiýasy** |
| nuclear power station | **ýadro stansiýasy** |
| officer | **ofiser; serkerde** |
| parachute | **paraşut** |
| peace | **parahatçylyk** |
| people | **adamlar** |
| pistol | **sapança/pistolet** |
| refugee | **bosgun** |
|    refugees | **bosgunlar** |
| refugee camp | **bosgunlar lageri** |
| relief aid | **kömek** |

ş = *ship*    ý = *yet*

| | |
|---|---|
| sack | **halta** |
| shell | **top oky; snarýad** |
| submachine gun | **awtomat** |
| tank | **tank** |
| troops | **otrýad; esgerler** |
| unexploded bomb | **partlamadyk bomba** |
| United Nations | **Birleşen Milletler Guramasy** |
| war | **uruş** |
| weapon | **ýarag; serişde** |

# 24. TOOLS
## GURALLAR

| | |
|---|---|
| binoculars | **dürbi** |
| brick | **kerpiç** |
| brush | **çotga** |
| cable | **kabel** |
| drill | **drel; buraw** |
| eyeglasses | **äýnek** |
| gas bottle | **gaz ballony** |
| hammer | **çekiç** |
| handle | **tutawaç; tutguç; sap** |
| hose | **şlanga** |
| insecticide | **insektisid** |
| ladder | **merdiwan** |
| machine | **maşyn** |
| microscope | **mikroskop** |
| nail | **çüý** |
| padlock | **gulp** |
| paint | **boýag; boýa; reňk** |
| pickaxe | **külüň; kerki** |
| plank | **tagta** |
| plastic | **plastmassa** |
| rope | **ýüp; arkan; urgan** |
| rubber | **rezin** |
| rust | **pos; zeň** |
| saw | **pyçgy; ary** |
| scissors | **gaýçy** |
| screw | **nurbat; wint** |
| screwdriver | **otwýortka** |
| spade | **pil** |

# TOOLS

| | |
|---|---|
| spanner | **gayka açary** |
| stove | **plita** |
| string | **ýüp** |
| sunglasses | **gara äýnek** |
| telescope | **teleskop** |
| varnish | **lak** |
| wire | **sim; syrça** |

# 25. THE CAR
## MAŞYN

| | |
|---|---|
| Where can I rent a car? | **Nirede maşyny prokata alyp bolar?** |
| Where can I rent a car with a driver? | **Nirede şofýor bilen maşyny kireýne alyp bolar?** |
| How much is it per day? | **Gününe näçe pul bermeli bolar?** |
| How much is it per week? | **Hepdesine näçe pul bermeli bolar?** |
| | |
| Can I park here? | **Maşynymy şol ýerde goýsam bolarmy?** |
| Are we on the right road for...? | **...-a/-e dogry gidýärismi?** |
| Where is the nearest filling station? | **Iň ýakyn benzin kolonkasy nirede?** |
| | |
| Fill the tank please. normal/diesel | **Bagyny dolduryp beriň. benzin/dizel** |
| Check the oil/tires/ battery, please. | **Ýagyny/tigirlerini/ akkumulýatoryny barlap beriň.** |
| | |
| I've broken down. | **Maşynym bozulypdyr.** |
| I have a puncture. | **Tigri deşilipdir.** |
| I have run out of gas. | **Benzini gutarypdyr.** |
| Our car is stuck. | **Maşynymiz ýatyp galdy.** |
| There's something wrong with this car. | **Şu maşyna bir zad-a bolupdyr.** |
| We need a mechanic. | **Bize mehanink/ussa gerek.** |

# THE CAR

| | |
|---|---|
| Can you tow us? | **Maşynymyzy süýräp äkidip bilermisiňiz?** |
| Where is the nearest garage? | **Iň ýakyn garaž nirede?** |
| Can you help start the car by pushing? | **Maşyny iterip ugradyp bilersiňizmi?** |
| Can you help jump-start the car? | **Maşyny otlap bilersiňizmi?** |
| There's been an accident. | **Awariýa boldy.** |
| My car has been stolen. | **Maşynymy ogurlapdyrlar.** |
| Call the police. | **Milisiýa jaň ediň.** |
| The tire is flat. | **Ballonyň yeli gidipdir.** |

## —Carwords

## Awtomobile degiili sözler

| | |
|---|---|
| driving license | **prawa/sürüjilik ygtyýarnamasy** |
| insurance policy | **strahowaniýe; ätiýaçlandyryş** |
| car papers | **maşynyň dokumentleri** |
| accelerator | **gaz pedaly** |
| air *in tire* | **dem** |
| anti-freeze | **antifriz** |
| battery | **akkumulýator** |
| bonnet/hood | **kapot** |
| boot/luggage compartment | **bagaž ýeri** |
| brake | **tormoz** |
| bumper | **amortizator** |
| car park | **maşyn goýulýan ýer** |
| clutch | **ssepleniýe** |
| driver | **sürüji** |
| engine | **motor** |
| exhaust pipe | **işlenen gaz çykýan turba** |
| fan belt | **wentilýator; per** |

| | |
|---|---|
| gear | **peredaça** |
| indicator light | **indikator çyrasy** |
| inner tube | **ballon** |
| jack | **domkrat; galdyrgyç** |
| mechanic | **mehanik; remont ussasy** |
| neutral gear | **neýtral** |
| oil | **ýag** |
| oilcan | **maslýonka gaby; ýag gaby** |
| passenger | **ýolagçy** |
| petrol | **benzin** |
| radiator | **radiator** |
| reverse | **yza geçiriji** |
| seat | **oturgyç** |
| spare tire | **zapas şin** |
| speed | **tizlik** |
| steering wheel | **rul; rol** |
| tank | **bak** |
| tire | **şin** |
| tow rope | **tros** |
| windshield | **öň aýnasy** |

# 26. COLORS
## REŇK

| | |
|---|---|
| black | **gara** |
| blue | **gök** |
| brown | **goňur** |
| green | **ýaşyl** |
| orange | **mämişi; narynç** |
| pink | **gülgün; açyk gyzyl** |
| purple | **goýy gyzyl;** |
| | **goýy gyrmyzy** |
| red | **gyzyl** |
| white | **ak** |
| yellow | **sary** |

# 27. SPORTS
## SPORT

Displays of physical strength are greatly prized in Turkmen society. Wrestling and horse-racing are particularly favorite traditional sports. If you're lucky, you may even witness a game of **goreş** (the Turkmen national type of wrestling). More recent sports adopted include judo and other martial arts, basketball and, of course, soccer.

| | |
|---|---|
| athletics | **atletika** |
| ball | **top** |
| basketball | **basketbol** |
| chess | **küşt** |
| goal | **gol** |
| horse racing | **at çapyşygy** |
| horse riding | **at münüş** |
| match | **oýun; maç** |
| soccer match | **futbol oýny** |
| pitch | **meýdan** |
| referee | **emin; sudýa** |
| rugby | **regbi** |
| skating | **konkili typma** |
| skiing | **çaňi uçiş** |
| soccer | **futbol** |
| stadium | **stadion** |
| swimming | **ýüzüş** |
| team | **komanda** |
| wrestling | **göreş** |

| | |
|---|---|
| Who won? | **Kim utdy?** |
| Who lost? | **Kim utuldy?** |
| What's the score? | **Hasap näçe boldy?** |
| Who scored? | **Kim gol saldy?** |

# 28. THE BODY
## BEDEN AGZALARY

| | | |
|---|---|---|
| ankle | | **topuk** |
| arm | | **el; gol** |
| back | | **arka** |
| lower | | **bil** |
| upper back/shoulders | | **egin** |
| beard | | **sakgal** |
| blood | | **gan** |
| body | | **beden** |
| bone | | **süňk** |
| bottom | | **syrt; otyr ýer** |
| breast/chest | | **kükrek** |
| chin | | **eňek** |
| ear | | **gulak** |
| elbow | | **tirsek** |
| eye | | **göz** |
| face | | **ýüz** |
| finger | | **barmak** |
| foot | | **aýak** |
| genitals | | **jyns agzalary** |
| hair | *on head* | **saç** |
| | *on body* | **gyl; tüý** |
| hand | | **el** |
| head | | **kelle; baş** |
| heart | | **ýürek** |
| jaw | | **äň** |
| kidney | | **böwrek** |
| knee | | **dyz** |
| leg | | **aýak** |
| lip | | **dodak** |
| liver | | **bagyr** |
| lung | | **öýken** |

| | |
|---|---|
| mustache | **murt** |
| mouth | **agyz** |
| neck | **boýun** |
| nose | **burun** |
| shoulder | **egin; gerden** |
| stomach | **aşgazan; garyn** |
| teeth | **diş** |
| throat | **bogaz** |
| thumb | **başam barmak** |
| toe | **aýagyň barmagy** |
| tongue | **dil** |
| tooth | **diş** |
| vein | **wena; uly damar** |
| womb | **ýatgy** |
| wrist | **goşar; bilek** |

# 29. POLITICS
## SYÝASAT

| | |
|---|---|
| aid worker | ynsanperwerlik kömegi |
| | gullukçysy/işgäri |
| ambassador | ilçi |
| arrest | tutma; saklama |
| assassination | haýynlyk bilen |
| | öldürmeklik |
| assembly | mejlis |
| autonomy | awtonomiýa |
| cabinet | kabinet |
| a charity | haýyr-sahawat |
| citizen | raýat/graždan |
| civil rights | raýat hukuklary; |
| | graždan hukuklary |
| civil war | raýatlyk/graždanlyk urşy |
| communism | kommunizm |
| communist | kommunist |
| concentration camp | konslager |
| constitution | konstitusiýa; baş kanun |
| convoy | konwoý |
| corruption | korrupsiýa/parahorlyk |
| coup d'etat | döwlet agdarylyşygy |
| crime | jenaýat |
| criminal | jenaýatçy |
| crisis | krizis |
| dictator | diktator |
| debt | bergi |
| democracy | demokratiýa |
| dictatorship | diktatorlyk |
| diplomatic ties | diplomatik gatnaşyklar |
| election | saýlaw |
| embassy | ilçihana |
| ethnic cleansing | etnik arassalaýyş |

ç = church    ž = erazure    ñ = sing

| | |
|---|---|
| exile | **sürgün** |
| free | **azat/erkin** |
| freedom | **azatlyk/erkinlik** |
| government | **hökümet** |
| guerrilla | **partizan** |
| hostage | **ýesir** |
| humanitarian aid | **ynsanperwerlik kömegi** |
| human rights | **ynsan hukuklary** |
| imam | **ymam** |
| independence | **garaşsyzlyk** |
| independent | **garaşsyz** |
| independent state | **garaşsyz döwlet** |
| judge | **sudýa; kazy** |
| killer | **ganhor; adam öldürýän(jenaýatçy)** |
| law court | **sud; kazyýet** |
| law | **kanun** |
| lawyer | **aklawçy** |
| leader | **lider; baştutan** |
| left-wing | **çepçi** |
| liberation | **azatlyga çykaryş** |
| majority | **köplük; köpçülik** |
| mercenary | **hakyna tutulan esger** |
| minister | **ministr** |
| ministry | **ministrlik** |
| minority | **azlyk** |
| ethnic group | **azlyk millet** |
| murder | **ölşük; adam öldürmek** |
| opposition | **oppozisiýa** |
| parliament | **parlament** |
|    of Turkmenistan | **Mejlis** |
| (political) party | **partiýa** |
| politics | **syýasat** |
| peace | **parahatçylyk** |
| peacekeeping troops | **parahatçylygy saklaýjy güýçler** |

§ = ship    ý = yet
**Turkmen Dictionary & Phrasebook · 195**

| | |
|---|---|
| politician | syýasatçy |
| premier | premýer |
| president | prezident |
| prime minister | premier-ministr |
| prison | türme; zyndan |
| prisoner-of-war | ýesir |
| POW camp | ýesirler lageri |
| protest | garşylyk; protest |
| rape | namysa degmek; zorlamak |
| reactionary | reaksioner |
| Red Crescent | Gyzyl Ýarym aý |
| Red Cross | Gyzyl Haç |
| refuge | gaçybatalga |
| refugee | bosgun; emigrant |
| revolution | rewolýusiýa |
| right-wing | sagçy |
| robbery | ogurlyk |
| seat (in assembly) | orun |
| socialism | sosializm |
| socialist | sosialist |
| spy | şpion; agent (gizlin) |
| struggle | göreş |
| theft | ogurlyk |
| trade union | kärdeşler arkalaşygy (birleşigi) |
| treasury | hazyna |
| United Nations | Birleşen Milletler Guramasy |
| veto | weto |
| vote | ses berlişik |
| vote-rigging | ses berlişiniň galplaşdyrylyşy |
| voting | ses beriş |

> **REFUGEES** — The word **gaçak** (plural **gaçaklar**) is used as the general word for refugee or for displaced persons. Sometimes you may also hear **emigrantlar** ("migrants") in a more general context.

ç = *ch*urch    ž = era*z*ure    ň = si*ng*

# 30. OIL & GAS
## NEBIT WE GAZ

| | |
|---|---|
| barrel | **barrel** |
| crude (oil) | **işlenmedik (çig) nebit** |
| deepwater platform | **gaty çuňlukdaky platforma** |
| derrick | **wyşka** |
| diver | **çümüji** |
| drill *noun* | **burawlaýyş maşyny** |
| drill a well | **guýy/skwažina gazyş** |
| drilling | **gazyş** |
| exploration | **barlag; gözleýiş; agtaryş** |
| fuel | **ýangyç** |
| gas | **gaz** |
| gas field | **gazly ýatak** |
| gas production | **gaz çykarylyşy** |
| gas well | **gaz çykýan skwažina** |
| geologist | **geolog** |
| laboratory | **laboratoriýa** |
| natural resources | **tebigy baýlyklar** |
| offshore | **kenardan daşlaşan; uzakda** |
| oil | **nebit** |
| oil pipeline | **nebit akdyrylýan turba/nebit geçiriji** |
| oil production | **nebit çykaryş** |
| oil tanker | **nebit tankeri** |
| oil well | **nebit skwažinasy** |
| oil worker | **nebitçi** |
| oilfield | **nebitli ýatak** |
| petroleum | **nebit** |
| platform | **platforma** |
| pump | **nasos** |

ş = *ship*     ý = *yet*

| | |
|---|---|
| pumping station | **nasos stansiýasy** |
| refine | **arassalamak** |
| refinery | **arassalaýyş zawody** |
| reserves | **zapaslar; gorlar** |
| rights | **hukuklar** |
| seismological survey | **seýsmologik barlag** |
| surveyor | **zemlemer /ýer ölçeýji** |
| survey | **barlanyş/barlag** |
| surveying | **barlag geçiriş/ýer ölçeýiş** |
| supply *noun* | **zapas** |
| well | **guýy/skwažina** |
| well site | **skwažina ýeri** |

# 31. TIME & DATES
## WAGT WE SENELER

| | |
|---|---|
| century | asyr |
| decade | on ýyllyk |
| year | ýyl |
| month | aý |
| fortnight | iki hepde |
| week | hepde |
| day | gün |
| hour | sagat |
| minute | minut |
| second | sekunt |
| | |
| dawn | daň |
| sunrise | günüň dogmagy; daň şapagy |
| morning | ertir |
| daytime | gündiz |
| noon | günortan |
| afternoon | öýlän; öýleden soň |
| evening | agşam |
| sunset | günüň ýaşýan wagty; günüň batýan wagty |
| night | gije |
| midnight | ýarygije |
| | |
| four days before | dört gün öň/öňünden |
| three days before | üç gün öň/öňünden |
| the day before yesterday | öňňin |
| yesterday | düýn |
| today | şu gün |
| tomorrow | ertir |
| the day after tomorrow | birigün |
| three days from now | üç günden soň |
| four days from now | dört günden soň |

ş = ship    ý = yet

| | |
|---|---|
| the year before last | iki ýyl ozal |
| last year | öten ýyl/geçen ýyl |
| this year | şu ýyl |
| next year | indiki ýyl |
| the year after next | iki ýyldan soň |
| last week | geçen hepde |
| this week | şu hepde |
| next week | indiki hepde |
| this morning | şu gün ertir |
| now | häzir/şu wagt |
| tonight | şu gün agşam |
| yesterday morning | düýn ertir |
| yesterday afternoon | düýn öýlän; öýleden soň |
| yesterday night | düýn gije |
| tomorrow morning | ertir ir bilen |
| tomorrow afternoon | ertir öýlän |
| tomorrow night | ertir gije; gijara |
| | |
| in the morning | ir bilen; irden |
| in the afternoon | öýlänler |
| in the evening | agşamara; gijara; giçlik |
| | |
| past | öten; geçen |
| present | häzirki |
| future | geljek |
| | |
| What date is it today? | Şu gün aýyň näçesi? |
| What time is it? | Sagat näçe boldy? |
| It is ... o'clock. | Sagat ... |

## —Seasons     Pasyllar

| | |
|---|---|
| summer | tomus |
| autumn | güýz |
| winter | gyş |
| spring | ýaz; bahar |

ç = *church*    ž = *erazure*    ň = si*ng*

## Days of the week  Hepdäníñ günleri

Most of the days were recently renamed in Turkmenistan, thus for some there are three variants, listed in the order of the columns below: older (usually Persian) names; colloquial (numbered days); and the new official versions.

| Monday | **duşenbe** | **birinji gün** | **başgün** |
|---|---|---|---|
| Tuesday | **sişenbe** | **ikinji gün** | **ýaşgün** |
| Wednesday | **çarşenbe** | **üçünji gün** | **hoşgün** |
| Thursday | **penşenbe** | **dördünji gün** | **sogap gün** |
| Friday | **Anna** | **Anna** | **bäşinji gün** |
| Saturday | **şenbe** | **altynjy gün** | **ruhgün** |
| Sunday | **ýekşenbe** | **ýekşenbe** | **dynç gün** |
| | | | *in Ashgabat:* |
| | | | **otdyh güni** |

## —Months  Aý atlary

As with the days of the week, the months were recently renamed in Turkmenistan. In the first column, you have the older (Russian) names followed by the renamed nationalistic versions.

| January | **ýanwar** | **Türkmenbaşy** |
|---|---|---|
| February | **fewral** | **Baýdak** |
| March | **mart** | **Nowruz** |
| April | **aprel** | **Gurbansoltan** |
| May | **may** | **Magtymguly** |
| June | **iyun** | **Oguz** |
| July | **iyul** | **Gorkut** |
| August | **awgust** | **Alp Arslan** |
| September | **sentýabr** | **Ruhnama** |
| October | **oktýabr** | **Garaşsyzlyk** |
| November | **noýabr** | **Sanjar** |
| December | **dekabr** | **Bitaraplyk** |

ş = ship    ý = yet

# 32. NUMBERS
## SANLAR

| | | | |
|---|---|---|---|
| 0 | nol | 30 | otuz |
| 1 | bir | 31 | otuz bir |
| 2 | iki | 32 | otuz iki |
| 3 | üç | 33 | otuz üç |
| 4 | dört | 34 | otuz dört |
| 5 | bäş | 35 | otuz bäş |
| 6 | alty | 36 | otuz alty |
| 7 | ýedi | 37 | otuz ýedi |
| 8 | sekiz | 38 | otuz sekiz |
| 9 | dokuz | 39 | otuz dokuz |
| | | | |
| 10 | on | 40 | kyrk |
| 11 | on bir | 41 | kyrk bir |
| 12 | on iki | 42 | kyrk iki |
| 13 | on üç | 43 | kyrk üç |
| 14 | on dört | 44 | kyrk dört |
| 15 | on bäş | 45 | kyrk bäş |
| 16 | on alty | 46 | kyrk alty |
| 17 | on ýedi | 47 | kyrk ýedi |
| 18 | on sekiz | 48 | kyrk sekiz |
| 19 | on dokuz | 49 | kyrk dokuz |
| | | | |
| 20 | yigrimi | 50 | elli |
| 21 | yigrimi bir | 51 | elli bir |
| 22 | yigrimi iki | 52 | elli iki |
| 22 | yigrimi iki | 52 | elli iki |
| 23 | yigrimi üç | 53 | elli üç |
| 24 | yigrimi dört | 54 | elli dört |
| 25 | yigrimi bäş | 55 | elli bäş |
| 26 | yigrimi alty | 56 | elli alty |
| 27 | yigrimi ýedi | 57 | elli ýedi |
| 28 | yigrimi sekiz | 58 | elli sekiz |
| 29 | yigrimi dokuz | 59 | elli dokuz |

ç = *ch*urch     ž = era*z*ure     ñ = si*ng*

| | | | |
|---|---|---|---|
| 60 | altmyş | 80 | segsen |
| 61 | altmyş bir | 81 | segsen iki |
| 62 | altmyş iki | 82 | segsen iki |
| 63 | altmyş üç | 83 | segsen üç |
| 64 | altmyş dört | 84 | segsen dört |
| 65 | altmyş bäş | 85 | segsen bäş |
| 66 | altmyş alty | 86 | segsen alty |
| 67 | altmyş ýedi | 87 | segsen ýedi |
| 68 | altmyş sekiz | 88 | segsen sekiz |
| 69 | altmyş dokuz | 89 | segsen dokuz |
| 70 | ýetmiş | 90 | togsan |
| 71 | ýetmiş bir | 91 | togsan iki |
| 72 | ýetmiş iki | 92 | togsan iki |
| 73 | ýetmiş üç | 93 | togsan üç |
| 74 | ýetmiş dört | 94 | togsan dört |
| 75 | ýetmiş bäş | 95 | togsan bäş |
| 76 | ýetmiş alty | 96 | togsan alty |
| 77 | ýetmiş ýedi | 97 | togsan ýedi |
| 78 | ýetmiş sekiz | 98 | togsan sekiz |
| 79 | ýetmiş dokuz | 99 | togsan dokuz |

| | | | |
|---|---|---|---|
| 100 | ýüz | 700 | ýedi ýüz |
| 102 | bir ýüz iki | 800 | sekiz ýüz |
| 112 | bir ýüz on iki | 900 | dokuz ýüz |
| 200 | iki ýüz | 1,000 | müň |
| 300 | üç ýüz | 10,000 | on müň |
| 400 | dört ýüz | 50,000 | elli müň |
| 500 | bäş ýüz | 100,000 | ýüz müň |
| 600 | alty ýüz | 1,000,000 | million |

# NUMBERS

| first | birinji | tenth | onunjy |
|-------|---------|-------|--------|
| second | ikinji | fifteenth | on bäşinji |
| third | üçinji | twentieth | ýigriminji |
| fourth | dördinji | twenty-first | ýigrimibirinji |

| once | bir gezek |
|------|-----------|
| twice | iki gezek |
| three times | üç gezek |

| one-half | ýarym |
|----------|-------|
| one-quarter | çärýek; dörtden bir |
| three-quarters | dörtden üç |
| one-third | üçden bir |
| two-thirds | üçden iki |

## —Weights & measures — Ölçeg atlary

| kilometer | kilometr |
|-----------|----------|
| meter | metr |
| mile* | mil |
| foot* | ädim |
| yard* | ýard |
| gallon* | gallon |
| liter | litr |
| kilogram | kilogram; kilo; kile |
| gram | gram |
| pound* | funt |
| ounce* | unsiýa |

* For translation only — these units are not used in Turkmenistan.

# 33. OPPOSITES
## GARŞYLYKLY
## MANYLY SÖZLER

| | |
|---|---|
| beginning—end | **başy—soňy** |
| clean—dirty | **arassa—hapa** |
| fertile—barren *land* | **hasylly—hasylsyz** |
| happy—unhappy | **şadyýan—gaýgyly** |
| life—death | **ýaşaýyş—ölüm** |
| friend—enemy | **dost—duşman** |
| modern—traditional | **häzirki zaman— gadymdan gelýän; däbe öwrülen** |
| modern—ancient | **häzirki—gadymky** |
| open—shut | **açyk—ýapyk** |
| wide—narrow | **giň—dar** |
| high—low | **beýik—pes** |
| peace—violence/war | **parahatçylyk— uruş/jenjel** |
| polite—rude | **edepli—edepsiz** |
| silence—noise | **dym-dyrslyk; ümsümlik— galmagal; goh-galmagal** |
| cheap—expensive | **arzan—gymmat** |
| hot/warm—cold/cool | **yssy—sowuk** |
| health—disease | **saglyk—hassalyk** |
| well—sick | **sag—hassa** |
| night—day | **gije—gündiz** |
| top—bottom | **üst—aşak; teý** |
| backwards—forwards | **yza—öňe** |
| back—front | **yz—öň** |
| dead—alive | **öli—diri** |
| near—far | **ýakyn—daş** |
| left—right | **çep—sag** |
| inside—outside | **içeri—daşary** |

ş = **sh**ip     ý = **y**et

**Turkmen Dictionary & Phrasebook · 205**

| | |
|---|---|
| up—down | ýokaryk—aşak |
| yes—no | hawa—ýok |
| here—there | bu/şu taýda—o/ol taýda |
| soft—hard | ýumşak—gaty |
| easy—difficult | añsat—kyn |
| quick—slow | tiz; çalt—haýal |
| big—small | uly—kiçi |
| old—young | garry—ýaş |
| tall—short *people* | uzyn boýly—gysga boýly |
| tall—short *things* | uzyn—gysga |
| strong—weak | güýçli—güýçsüz |
| success—failure | üstünlik– sowsuzlyk |
| new—old | täze—köne |
| question—answer | sorag—jogap |
| safety—danger | howpsuzlyk—howplulyk |
| good—bad | gowy—erbet |
| true—false | dogry—nädogry |
| light—heavy | yeñil—agyr |
| light—darkness | ýagty—garañky |
| well—badly | gowy—erbet; |
| | ýagşy—ýaman |
| truth—lie | çyn—ýalan |

cur

CYPATA ?ÄYЩYPMEK
MYMKИHMN

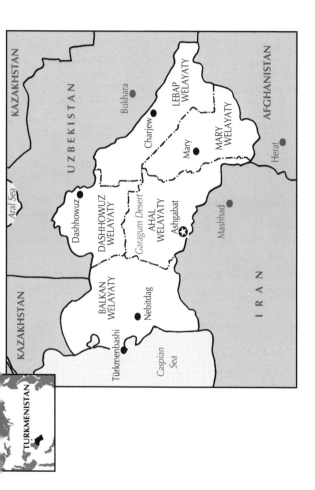

## Also from Hippocrene Books

**MASTERING ARABIC WITH AUDIO CDS**
320 pages • 2 Audio CDs • 6 x 9 • ISBN 0-7818-1042-6 • USA • $24.95pb •
(66)

**THE MIDDLE EASTERN KITCHEN**
240 pages • 8 x 10 1/2 • color photographs • ISBN 0-7818-1023-X • NA •
$29.95hc • (487)

**THE ARAB WORLD: AN ILLUSTRATED HISTORY**
312 pages • 5$\frac{1}{2}$ x 8 1/2 • ISBN 0-7818-0990-8 • W • $14.95pb •
(465)

**A HISTORY OF THE ISLAMIC WORLD**
224 pages • 5$\frac{1}{2}$ x 8$\frac{1}{4}$ • ISBN 0-7818-1015-9 • W • $22.50hc •
(545)

**ARABIC-ENGLISH/ENGLISH-ARABIC PRACTICAL DICTIONARY**
18,000 entries • 440 pages • 4$\frac{3}{8}$ x 7 • ISBN 0-7818-1045-0 • W • $22.50 •
(632)

**ARABIC-ENGLISH/ENGLISH-ARABIC COMPACT DICTIONARY**
3,800 entries • 200 pages • 3$\frac{1}{8}$ X 4$\frac{5}{8}$ • 0-7818-1044-2 • W • $8.95pb •
(651)

**ARABIC-ENGLISH/ENGLISH-ARABIC DICTIONARY & PHRASEBOOK**
4,500 entries • 220 pages • 3$\frac{3}{4}$ x 7$\frac{1}{2}$ • ISBN 0-7818-0973-8 • W • $12.95 •
(445)

**AZERBAIJANI-ENGLISH/ENGLISH-AZERBAIJANI DICTIONARY & PHRASEBOOK**
4,000 entries • 174 pages • 3$\frac{3}{4}$ x 7 • ISBN 0-7818-0684-4 • $11.95pb •
(753)

**AZERBAIJANI-ENGLISH/ENGLISH-AZERBAIJANI CONCISE DICTIONARY**
8,000 entries • 145 pages • 5$\frac{1}{2}$ x 7 • ISBN 0-7818-0244-X • $14.95pb •
(96)

**FARSI-ENGLISH/ENGLISH-FARSI CONCISE DICTIONARY**
8,000 entries • 250 pages • 4 x 6 • ISBN 0-7818-0860-X • $12.95pb •
(260)

**KURDISH-ENGLISH/ENGLISH-KURDISH DICTIONARY**
8,000 entries • 400 pages • 4 x 6 • ISBN 0-7818-0246-6 • $12.95pb •
(218)

**PASHTO-ENGLISH/ENGLISH-PASHTO DICTIONARY & PHRASEBOOK**
3,000 entries • 232 pages • 3$\frac{3}{4}$ x 7 • ISBN 0-7818-0972-X • $11.95pb •
(429)

**TAJIK-ENGLISH/ENGLISH-TAJIK DICTIONARY & PHRASEBOOK**
3,000 entries • 226 pages • 3$\frac{3}{4}$ x 7 • ISBN 0-7818-0662-3 • $11.95pb •
(752)

**UZBEK-ENGLISH/ENGLISH-UZBEK DICTIONARY & PHRASEBOOK**
3,000 entries • 200 pages • 3$\frac{3}{4}$ x 7$\frac{1}{2}$ • ISBN 0-7818-0959-2 • $11.95pb •
(166)

Prices subject to change without notice. **To purchase Hippocrene Books**,
contact your local bookstore, call (718) 454-2366, or write to: HIPPOCRENE
BOOKS, 171 Madison Avenue, New York, NY 10016. Please enclose check
or money order, adding $5.00 shipping (UPS) for the first book, and $.50 for
each additional book.